Klara Kirschbaum

Lapbooks im Religionsunterricht – 1./2. Klasse

Praktische Hinweise und Gestaltungsvorlagen für Klappbücher zu zentralen Lehrplanthemen

Die Autorin

Klara Kirschbaum studierte in Karlsruhe Lehramt für die Grundschule mit den Fächern Deutsch, Religion und Sachunterricht. Sie absolvierte das Referendariat an einer Grundschule in Köln und arbeitet seitdem in Hamburg.

Gedruckt auf umweltbewusst gefertigtem, chlorfrei gebleichtem und alterungsbeständigem Papier.

2. Auflage 2019

Grafik: Wibke Brandes, Bochum
Fotos: Hieroglyphen Seite 31: © fbirr via Fotolia.de
Satz: Satzpunkt Ursula Ewert GmbH, Bayreuth

ISBN: 978-3-403-20304-9

www.persen.de

Was sind Lapbooks?

Ein Lapbook ist ein Klappbuch, eine kleine Mappe, die sich mehrfach ausklappen lässt und von den Kindern individuell gestaltet und ausgestattet werden kann. So passen zum Beispiel kleine Taschen, Faltbücher, Klapphefte, Drehscheiben, Leporellos, Bilder u. v. m. hinein. Durch das Gestalten ihres Klappbuchs können die Schüler[1] ihre Lernergebnisse durch Basteln, Schreiben und Ausarbeiten festhalten. Dies geschieht auf eine motivierende, kreative Weise und alle erzielen dabei ein eigenes Ergebnis. Jedes Lapbook ist individuell, keines sieht aus wie das andere. Die Kinder entscheiden selbstständig, wie sie mit erarbeiteten Informationen umgehen, und bringen dabei unterschiedliche Aspekte schriftlich und gestalterisch in ihr Buch ein.

Einsatz von Lapbooks im Unterricht

Lapbooks können in nahezu allen Fächern eingesetzt werden. Zusätzlich zum Religionsunterricht bieten sie sich zum Beispiel zu Themen des Deutsch- (Lektüre, Bilderbuch, Gedichte ...), Mathematik- (Addition, Subtraktion, Wahrscheinlichkeit ...), Kunst- (Künstler, Themen, Epochen ...) und Sachunterrichts (Römer, Wetter, Igel ...) an.
Im Persen-Verlag sind bereits mehrere Lapbooks für verschiedene Fächer erschienen.

Zielsetzung

Die Kinder
- setzen sich intensiv mit dem Thema auseinander,
- verschaffen sich selbstständig Informationen,
- arbeiten individuell,
- arbeiten in Einzel-, Partner- oder Gruppenarbeit zusammen,
- dokumentieren und präsentieren ihre Ergebnisse,
- lernen und wiederholen die Inhalte.

Material

Bedingung für die Arbeit mit Lapbooks ist eine Vielfalt an Materialien. Ausgelegt werden sollten:
- Tonpapier, Tonkarton und farbiges Papier
- Lapbook-Vorlagen (mehrfach kopiert)
- kopierte Infokarten zu den Themen
- Musterklammern
- Klebestifte
- Stifte
- Scheren

Zur vertiefenden Themenrecherche sind außerdem ein PC mit Internetzugang sowie Lexika, Sachbücher, Zeitschriften, ausgedruckte Fotos etc. sinnvoll.

Vorgehen

Je nachdem, ob und wie Sie das vorliegende Material nutzen und erweitern möchten, sollte für jedes Kind am besten ein DIN-A3-Bogen Pappe oder festeres Papier zur Verfügung stehen.
Das DIN-A4-Format ist auch möglich, doch dann fallen die Lapbooks recht klein aus und die Kopiervorlagen müssen angepasst werden.
Die Seiten des in Querformat gelegten Pappbogens werden zur Mitte hin umgeklappt, sodass ein aufklappbares Buch entsteht (siehe Abbildung auf der folgenden Seite). Nach oben und unten kann diese Grundform durch weitere klappbare Elemente erweitert werden.
In dieses Buch hinein basteln und gestalten die Kinder nun mit verschiedenen Elementen zum jeweiligen Thema. Das Deckblatt können sie frei gestalten oder Sie stellen den Kindern eine Vorlage zur Verfügung.

Differenzierung

Lapbooks bieten eine gute Möglichkeit zur Differenzierung, da jedes Kind sein Lapbook eigenständig und nach eigenen Vorstellungen, Fähigkeiten und Fertigkeiten gestaltet; auch die konkreten Inhalte kann es selbst bestimmen. Weiterhin gibt es sowohl einfache Vorlagen, die

[1] Wir sprechen hier wegen der besseren Lesbarkeit von Schülern bzw. Lehrern in der verallgemeinernden Form. Selbstverständlich sind auch alle Schülerinnen und Lehrerinnen gemeint.

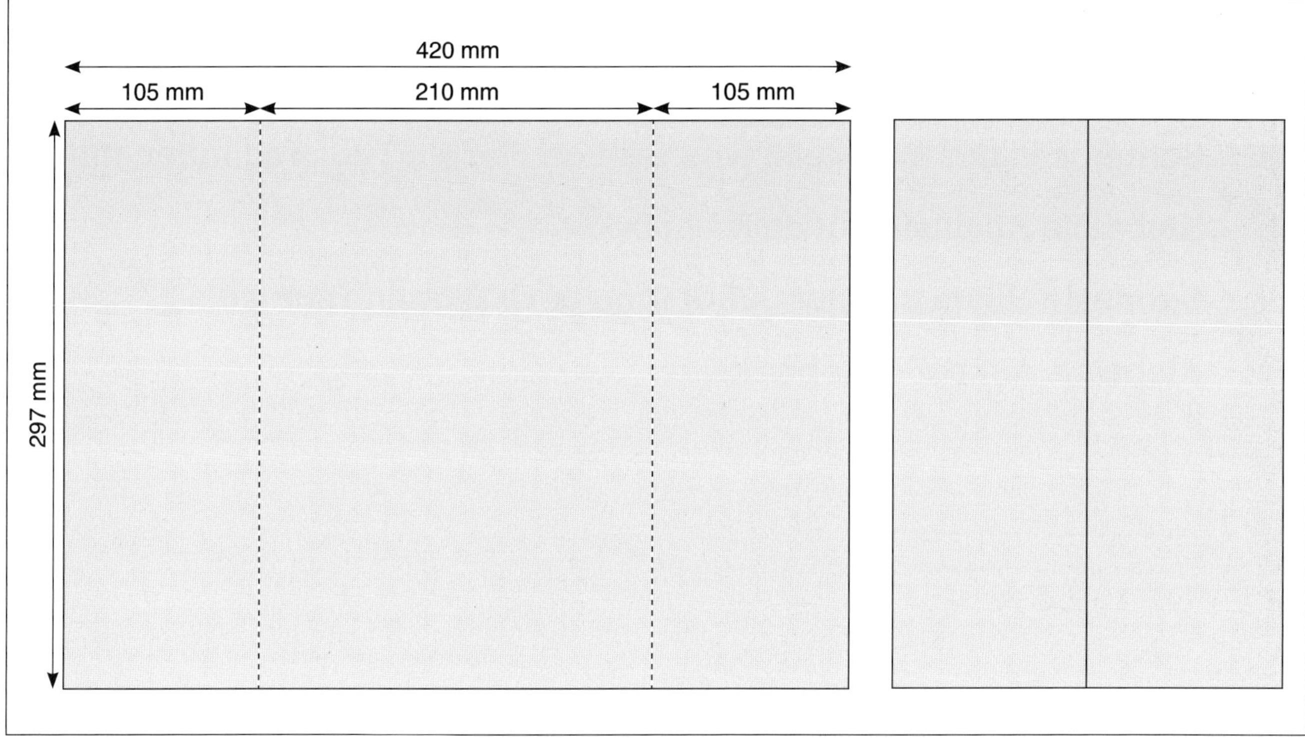

im Grunde nur ausgeschnitten werden müssen, als auch solche, die mit relativ viel Inhalt gefüllt werden können. Des Weiteren bieten sich Lapbooks für Partner- oder Gruppenarbeiten an und sind somit besonders für inklusiv arbeitende Klassen geeignet.

Kinder haben Freude daran, ihre fertigen Lapbooks der Klasse zu präsentieren, und sie wiederholen dadurch ganz nebenbei die Lerninhalte. Jedes Lapbook sieht anders aus und zeigt somit ein individuelles Lernergebnis, was die Präsentation und Besprechung mit der Klasse besonders abwechslungsreich und spannend macht.

Bewertung

Die Kinder erarbeiten sich die Inhalte des Themas selbstständig. Parallel zum Unterrichtsverlauf bietet es sich an, eine Tabelle anzulegen, die als eine Art Bewertungsraster verwendet werden kann. Ein Beispiel finden Sie auf Seite 64. Die fertigen Klappbücher können nach den Präsentationen eingesammelt und von der Lehrkraft als Portfolio der Arbeit genutzt werden.

Klassenstufen

In jüngeren Jahrgängen bietet sich eine behutsame Heranführung an die Arbeit mit Lapbooks an. Zu Beginn jeder Stunde können die Kinder mithilfe ihres Lapbooks die erarbeiteten Inhalte wiederholen. Eventuell kann in jeder Stunde eine kleine Anzahl an Lapbook-Elementen bereitgestellt werden. Dann werden die Aufgaben Schritt für Schritt erweitert – und somit entwickelt sich das Klappbuch im Laufe einer Unterrichtseinheit.

Zudem sollten in den Klassen 1 und 2 noch stärkere Vorgaben gemacht und konkrete Aufgabenstellungen formuliert werden; auch die (Sach-)Informationen werden von der Lehrkraft vorgegeben. Je mehr die Kinder mit der Methode Lapbook vertraut sind, desto freier können sie sich ein Thema erarbeiten, bis sie irgendwann nur noch Blankovorlagen erhalten und sich das Thema ganz eigenständig erarbeiten.

Grundsätzlich richtet sich die Vorgehensweise in höheren Klassen danach, über welche Erfahrungen die Kinder verfügen und ob sie sich selbstständig Informationen besorgen können (mithilfe von Büchern oder dem Internet).

 Schneide die Büchlein aus. Falte sie.

 Gestalte das Deckblatt zum Schöpfungstag.

 Schreibe in das Büchlein, was Gott an diesem Tag erschaffen hat.

 Klebe die Büchlein auf dein Lapbook.

Sammele Dinge aus der Schöpfung (z. B. Blätter, Blumen ...).

 Klebe sie auf dein Lapbook.

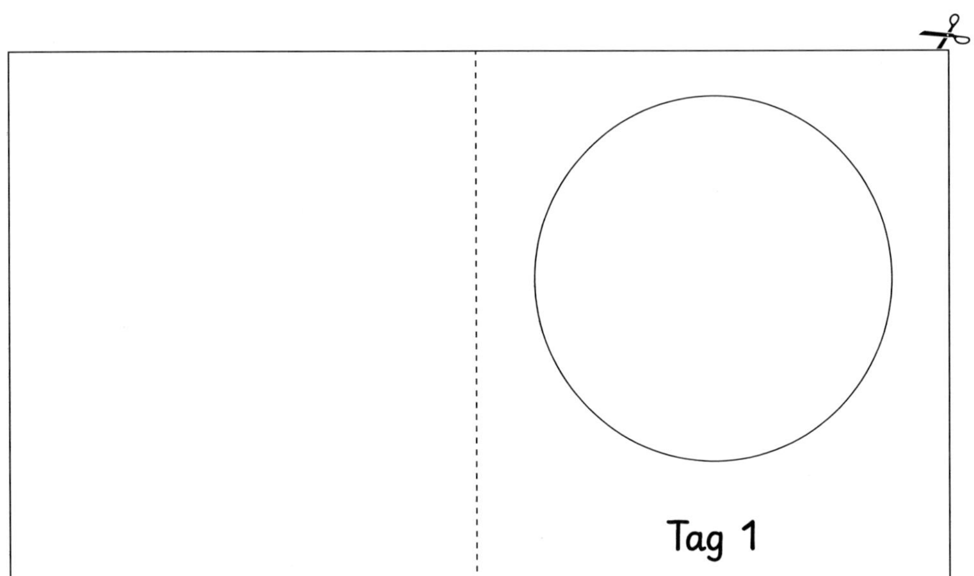

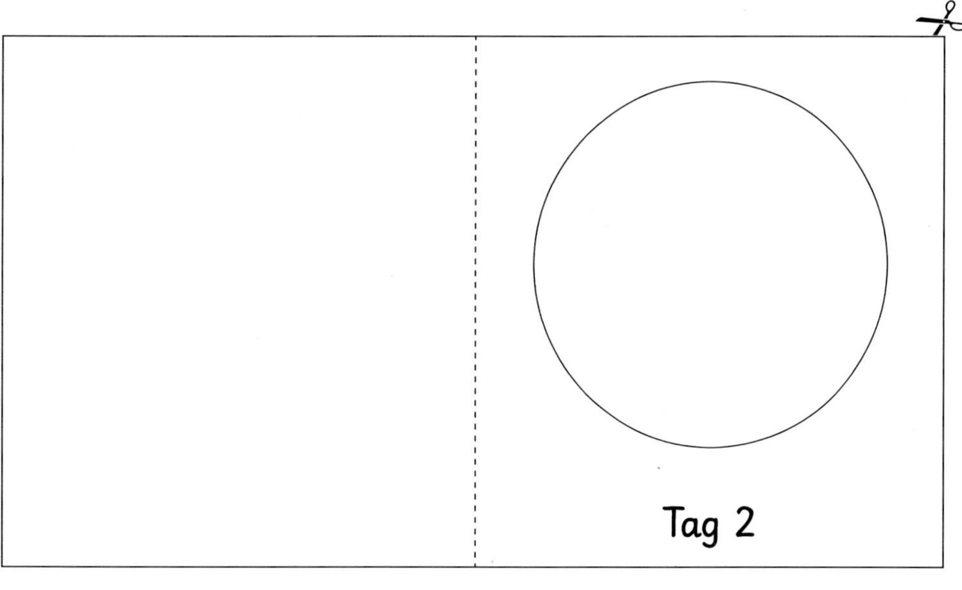
Tag 2

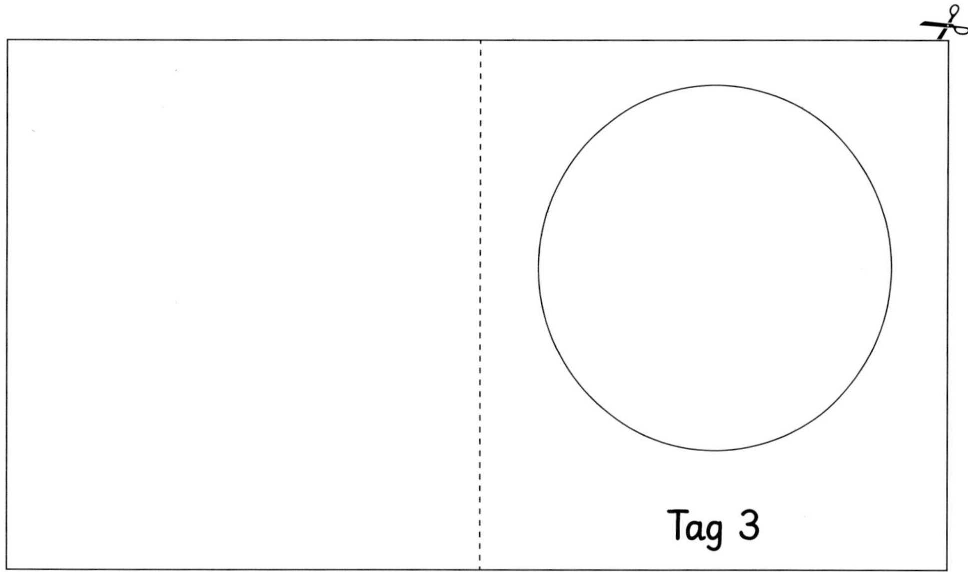
Tag 3

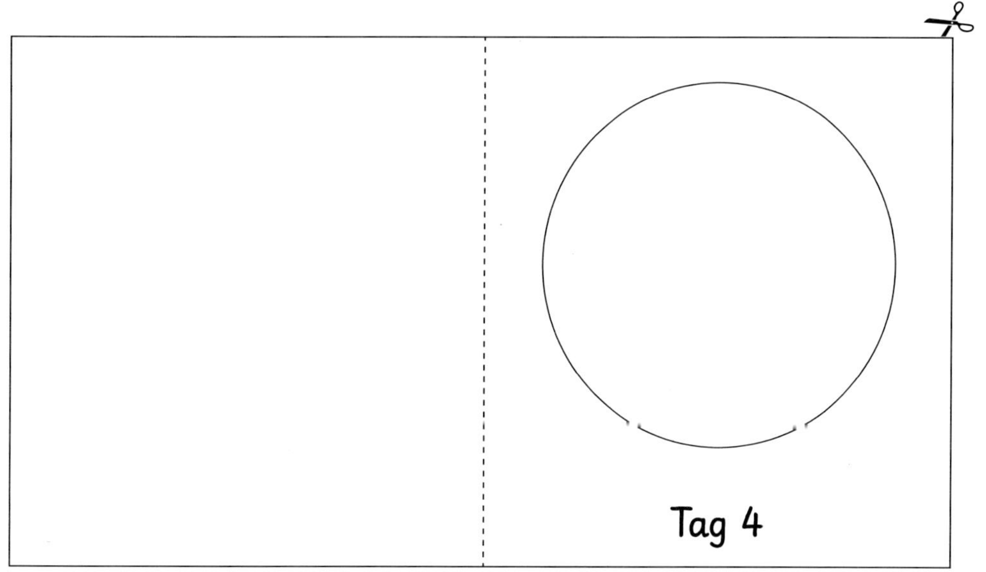
Tag 4

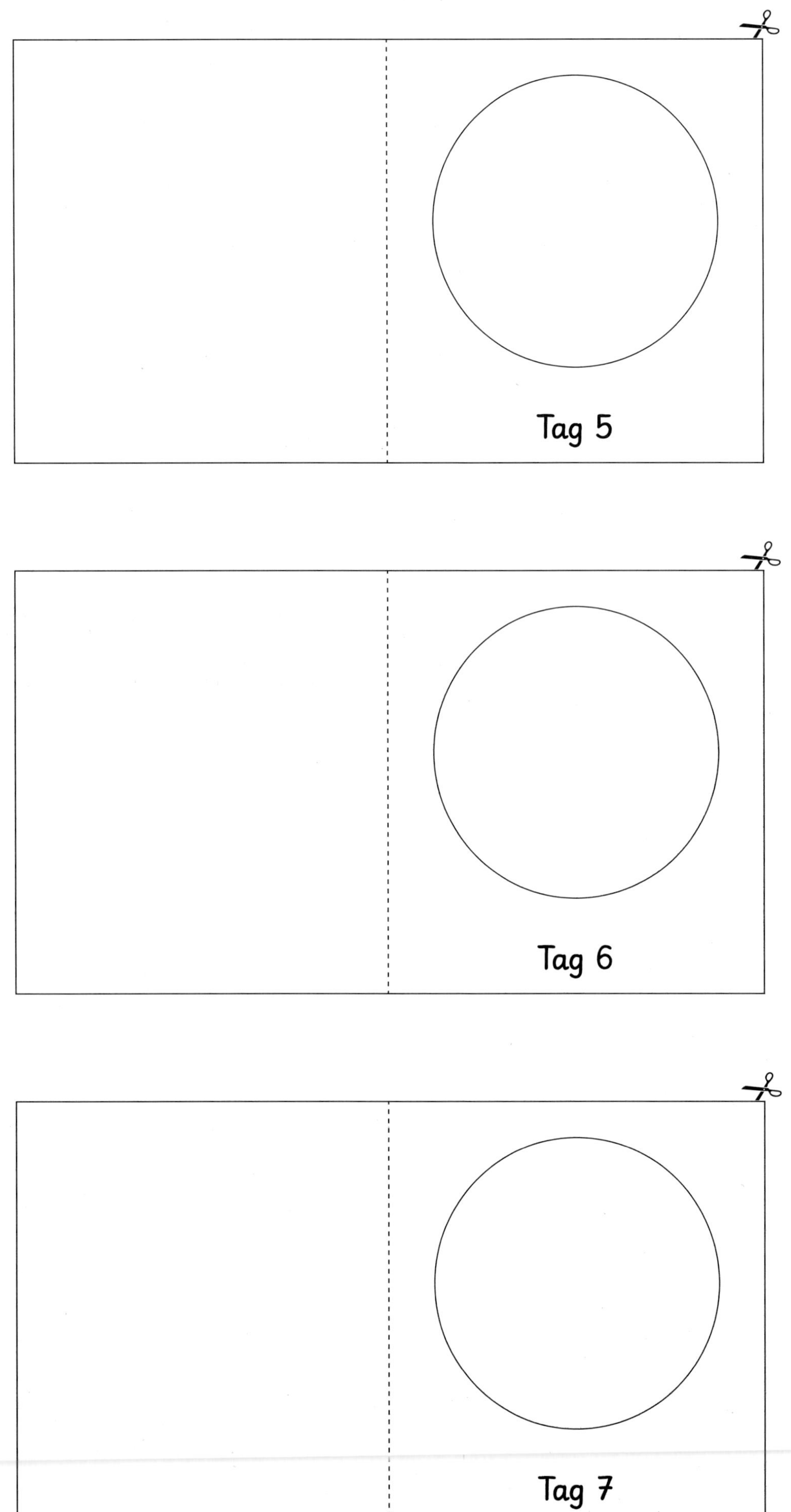
Tag 5
Tag 6
Tag 7

Es gibt viele schöne Dinge auf der Welt.
Was gefällt dir besonders?

  **Schreibe oder male es auf die Wolken.**

Hefte die Wolken mit einer Musterklammer auf dein Lapbook.

Kresse wächst sehr schnell. Pflanze sie ein und beobachte das Wachstum ein paar Tage.

Male zu jedem Tag ein Bild.

Schneide die Seiten aus.

Klebe sie zusammen.
So entsteht ein kleines Heft.

Klebe das Heft in dein Lapbook.

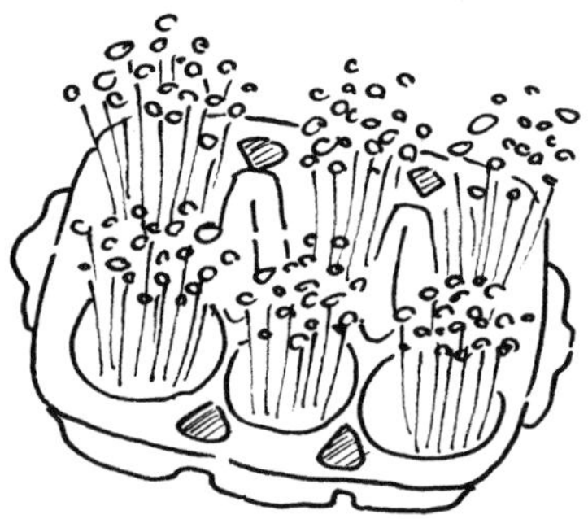

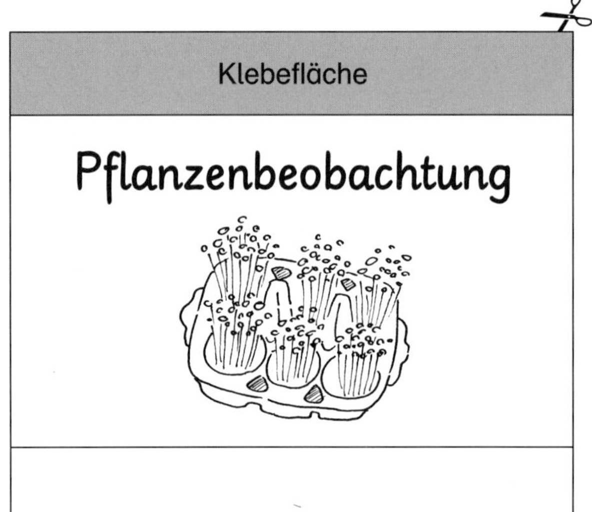

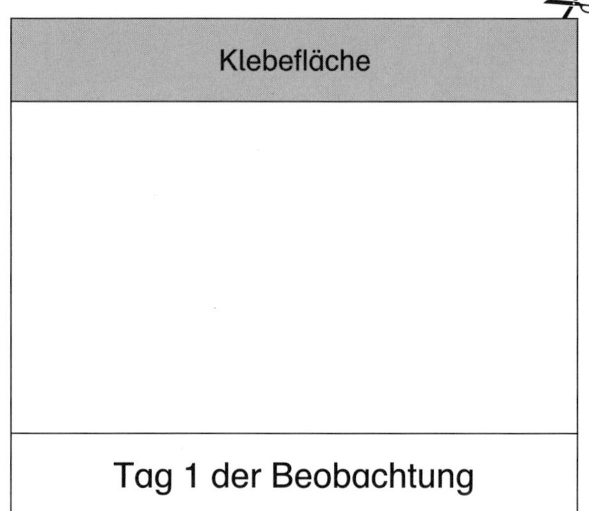

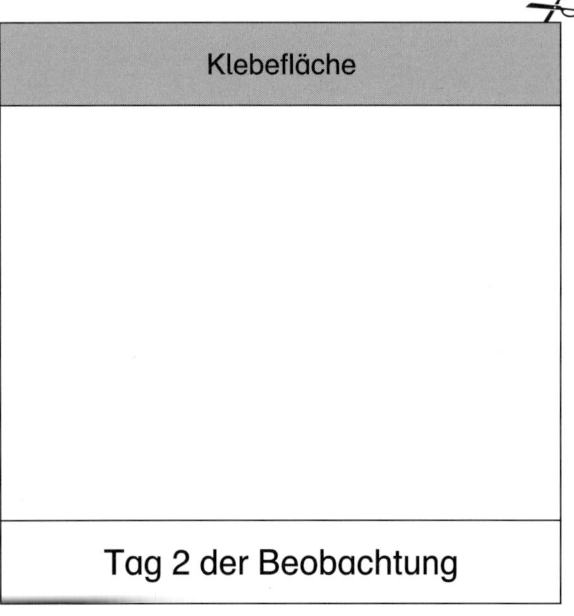

Klebefläche

Tag 3 der Beobachtung

Schneide die Bildkarten und die Vorlagen für die Taschen aus.

Falte und klebe die Taschen zusammen.
Klebe sie auf dein Lapbook.
Wie schütze ich die Erde? Wie schade ich ihr?
Stecke die Bildkarten in die passende Tasche.

Fallen dir noch weitere Dinge ein? Male sie auf die leeren Karten.

Wie ich der Erde schade ...

Wie ich die Erde schützen kann ...

Plastik
Papier
Rest müll

Die Menschen sollen sich am Sonntag ausruhen.
Was machst du sonntags?

Schreibe oder male es auf.

Schneide die Blumen aus. Falte sie.

Klebe die Blumen auf dein Lapbook.

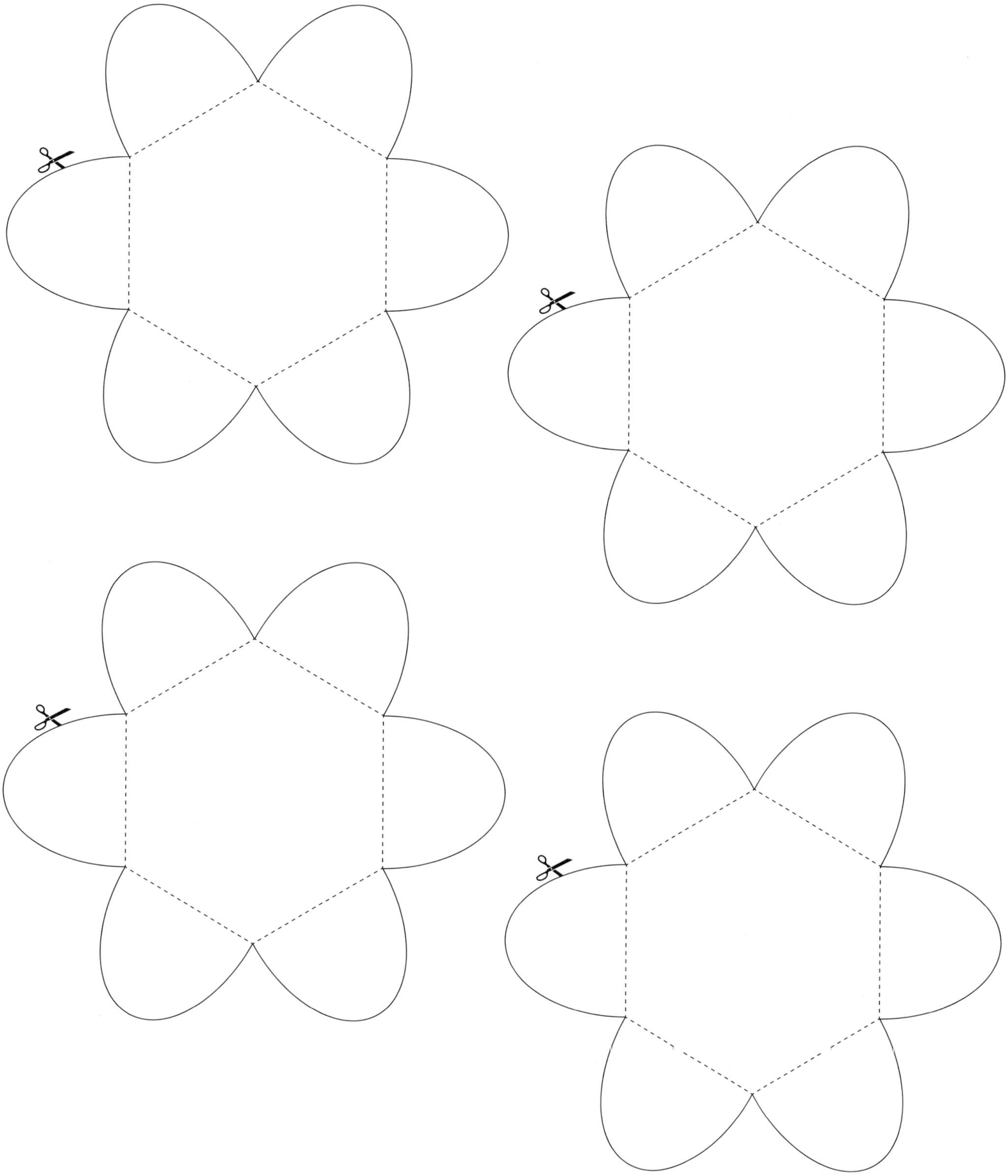

Male ein passendes Bild zu jedem Abschnitt.

Schneide die Karten aus. Falte sie.

Klebe sie auf dein Lapbook.

Die Pflanzen, die Tiere und wir Menschen
sind deine Geschöpfe.
Alle warten darauf,
dass du ihnen zur rechten Zeit zu essen gibst.
Sie nehmen, was du ihnen schenkst.
Du gibst ihnen ihr Essen,
und sie werden reichlich satt.

(Psalm 104)

Alles, was wir um uns herum sehen,
hast du geschaffen:
Die kleinen Bäche und die großen Flüsse und
das Meer;
die Berge und Hügel;
die Wiesen mit ihren Gräsern und Blumen;
den Wald mit seinen Bäumen.

(Psalm 104)

Du hast den Himmel und die Erde geschaffen.
Du schenkst uns die Nacht und den Tag,
die Sonne, den Mond und die Sterne,
die Wolken, den Regen und den Wind.

(Psalm 104)

Deine Welt ist voller Wunder.
Und jedes Wunder hast du geschaffen.
Du hast alles klug geordnet.
Gott, dich wollen wir immer loben.
Gott, dir wollen wir immer danken.

(Psalm 104)

Wofür willst du Gott danken?

Schreibe oder male es auf.

Schneide die Herzen aus.

Klebe sie auf dein Lapbook.

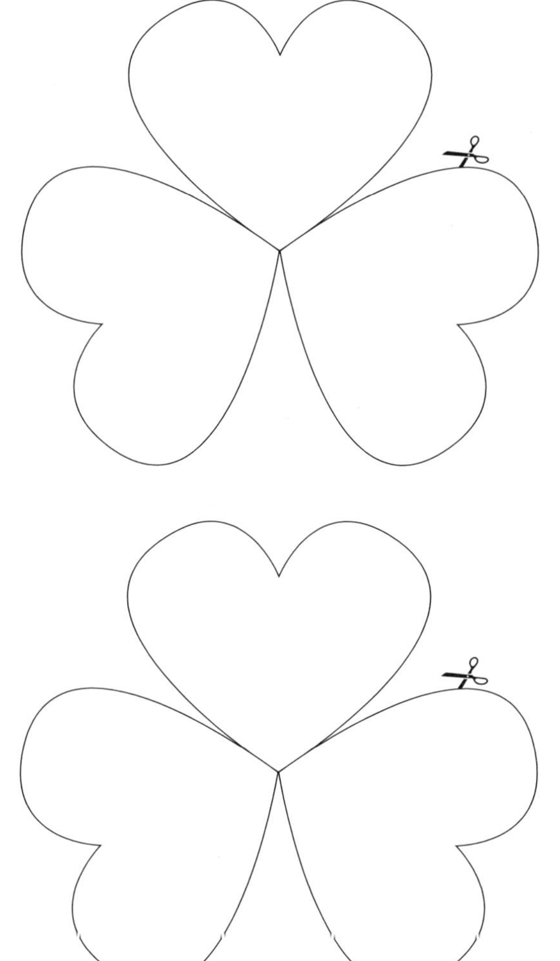

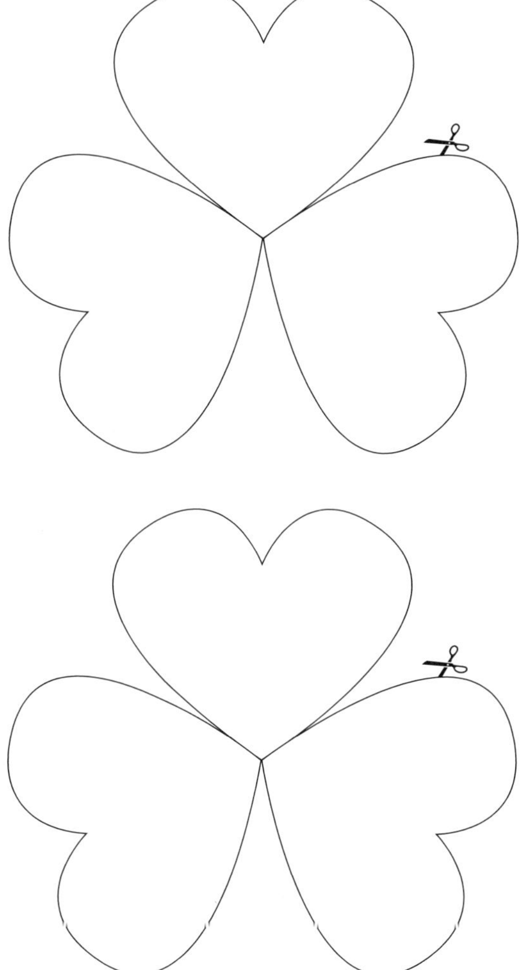

Auszüge aus der Bearbeitung der ACK Hessen-Rheinhessen, www.schoepfungstag-hessen.de; nach: Rolf Krenzer: Gott will ich preisen (nach Psalm 104); aus: 100 einfache Texte zum Kirchenjahr, © Verlag Ernst Kaufmann, Lahr

Wo fühlst du dich besonders wohl?
Wo bist du gern?

Male oder schreibe auf.

Stelle dir vor, du verreist für eine lange Zeit.
Was packst du in deinen Rucksack?

Schreibe oder male es auf.

Schneide den Rucksack aus.

Klebe ihn auf dein Lapbook.

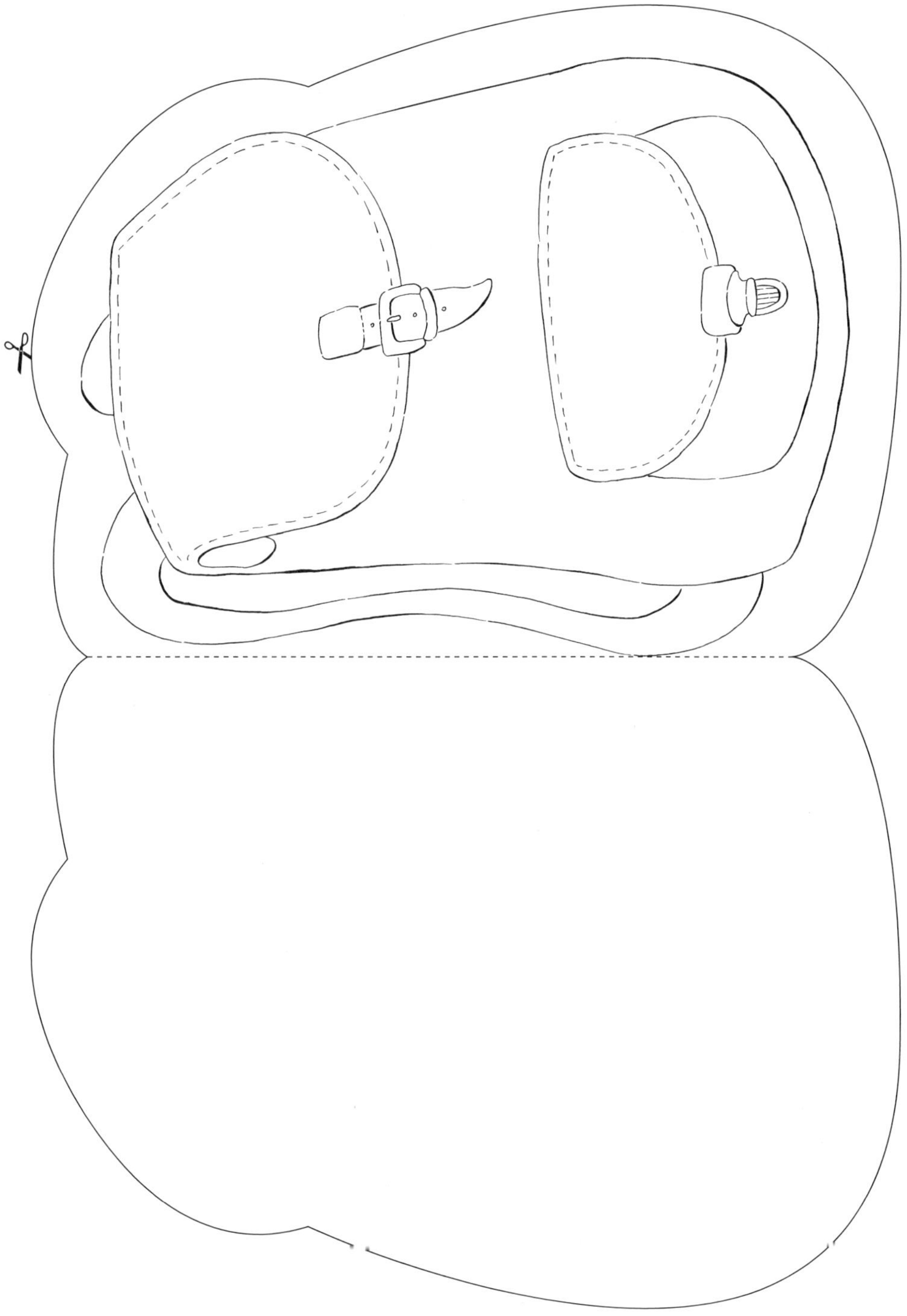

Abraham und Sara gehen auf eine lange Reise.
Wahrscheinlich machen sie sich Gedanken, wie es dort sein wird.

Schreibe nette Worte an sie auf die Kärtchen und mache ihnen Mut.

Falte einen Briefumschlag.
Stecke die Kärtchen hinein.

Klebe den Briefumschlag auf dein Lapbook.

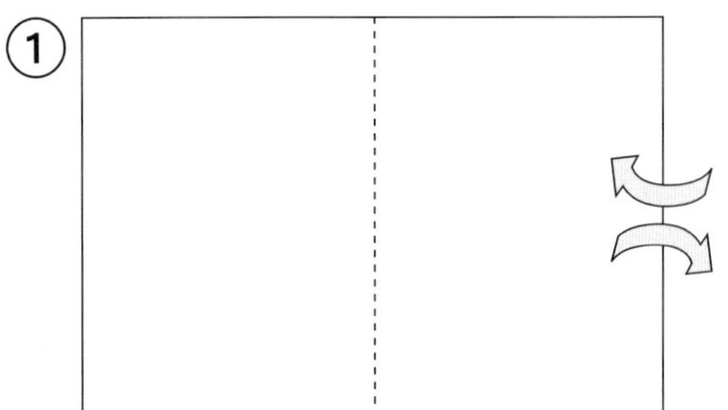

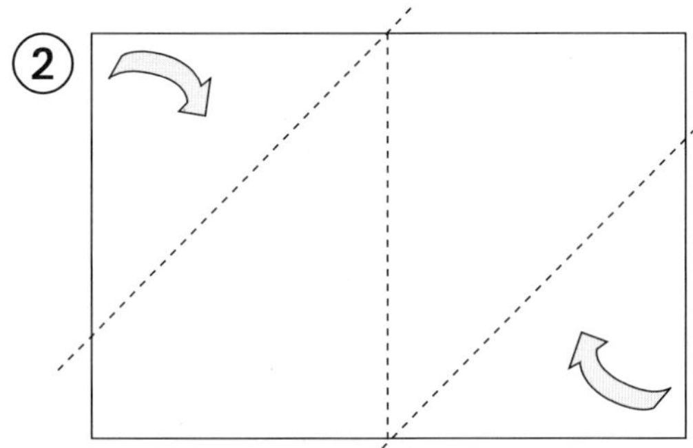

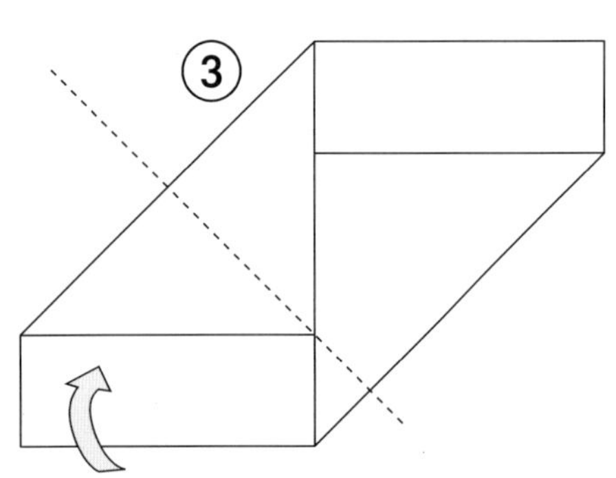

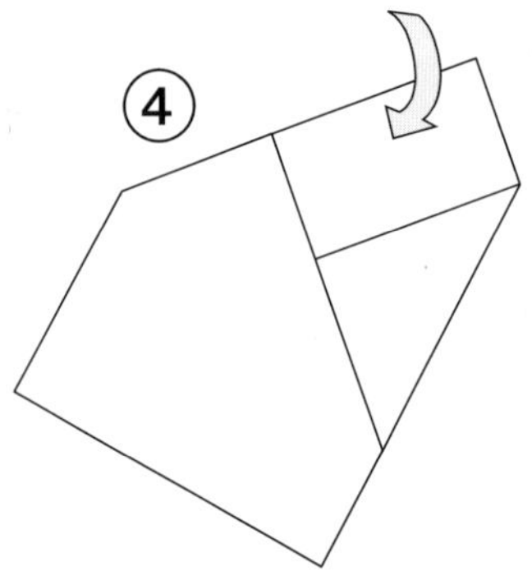

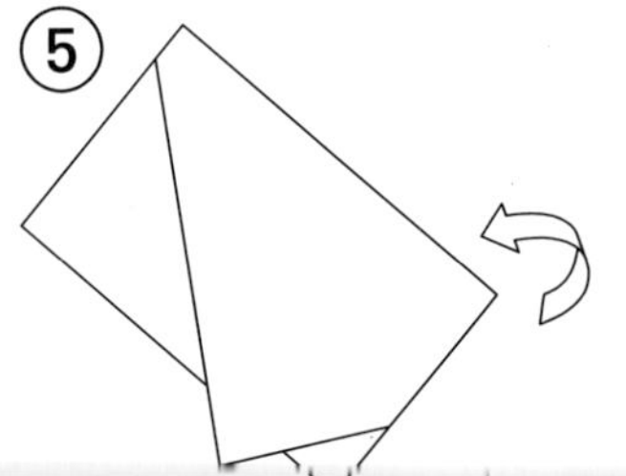

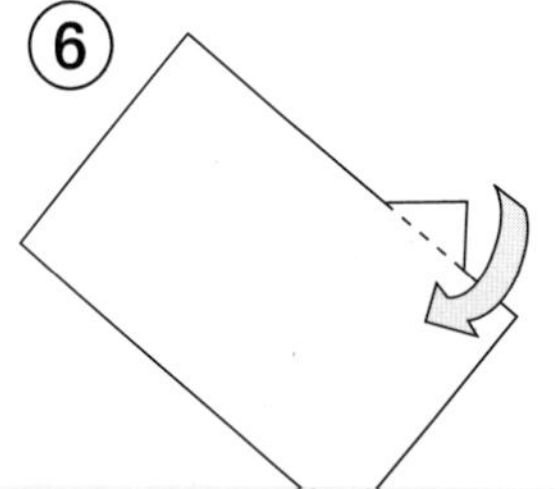

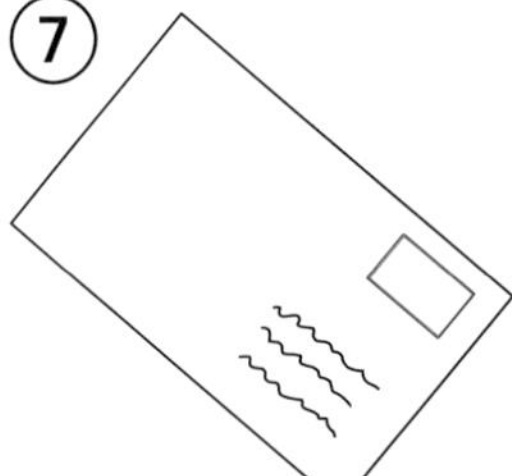

Ihr seid bestimmt aufgeregt.		
Ich wünsche euch alles Gute.		

Wie fühlen sich Abraham und Sara?

 **Male sie in den passenden Farben an.**

 **Schreibe auf die Fußabdrücke, was sie vor ihrer Abreise wohl denken.**

 **Schneide alles aus.**

Klebe die Fußabdrücke zusammen mit einem Faden als Weg auf dein Lapbook.

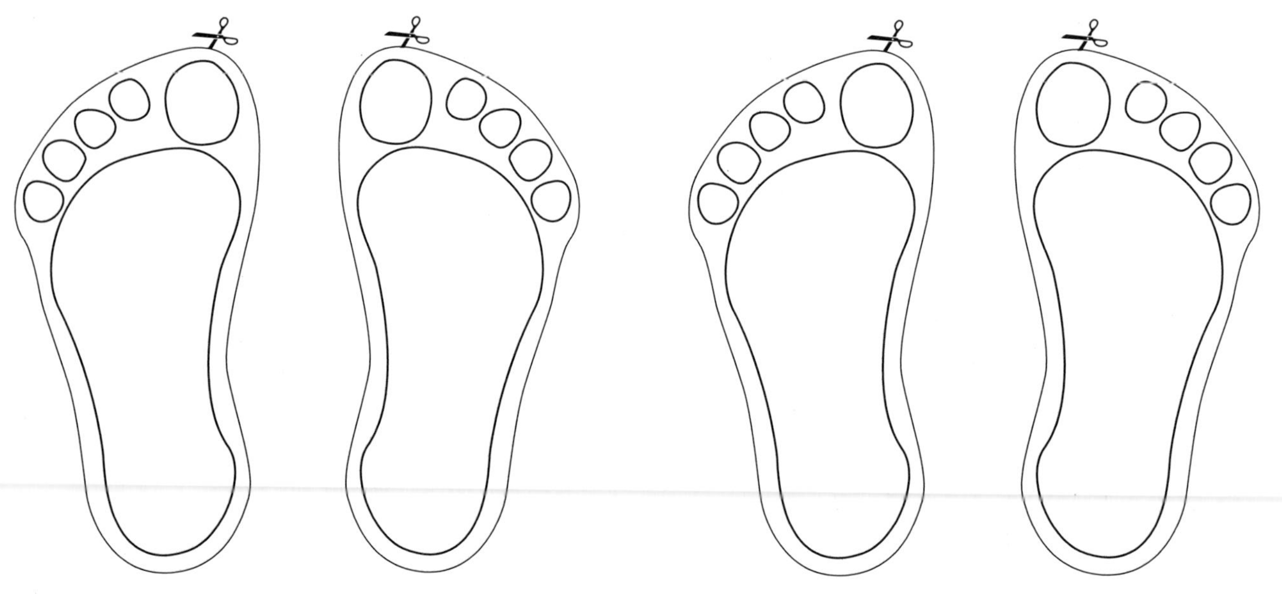

**Die Reise dauert sehr lange.
Abraham und Sara kommen in das Land Kanaan.
Gott sagt, dies ist Abrahams Land.**

 **Male Abraham und Sara in das Zelt.**

 **Schneide es aus und klebe es auf dein Lapbook.**

Was ist wichtig für Abraham und Sara?

 **Schreibe es zum Bild.**

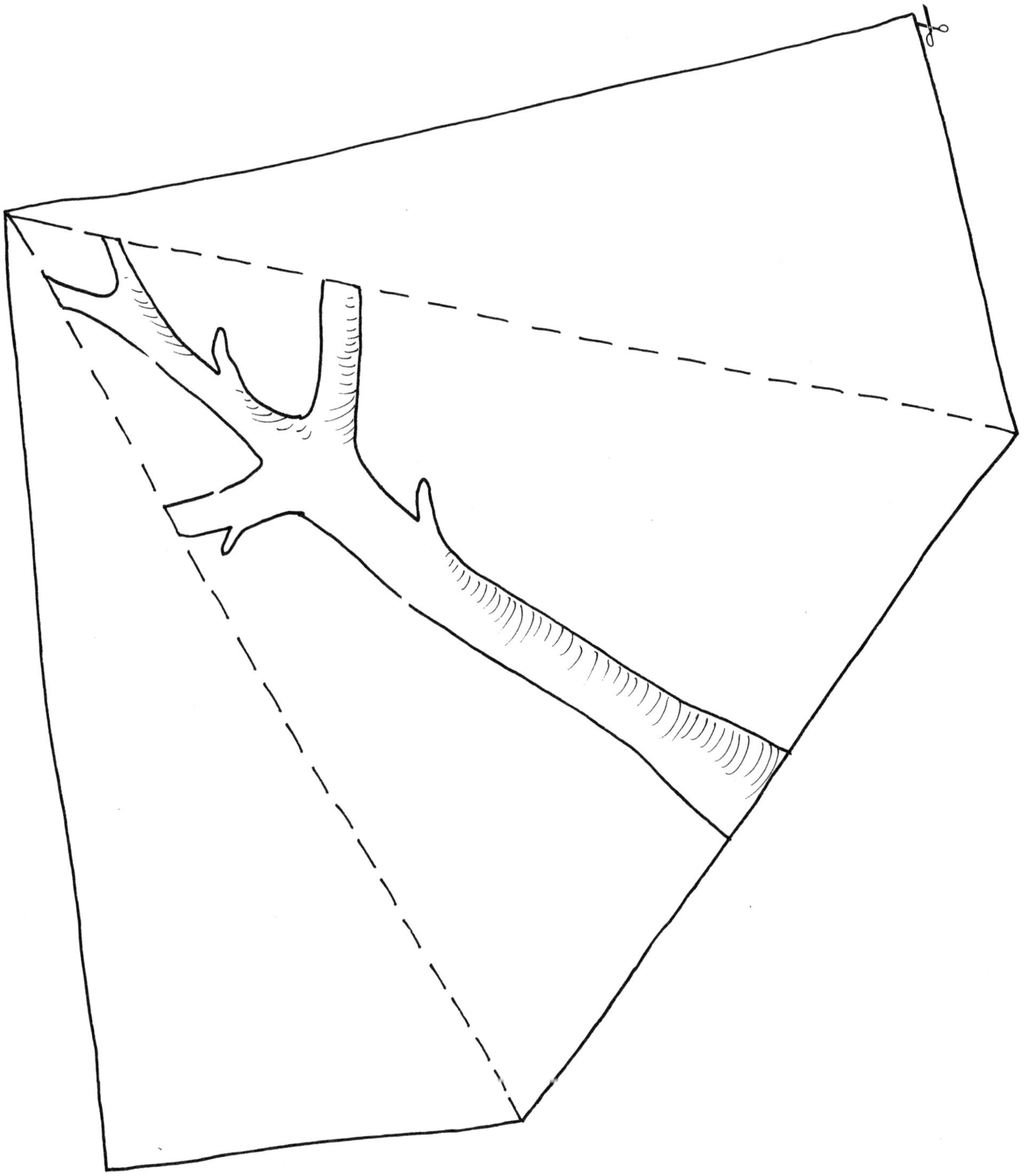

Schneide die Bilder aus.

Klebe sie zu Abrahams und Saras Zelt.

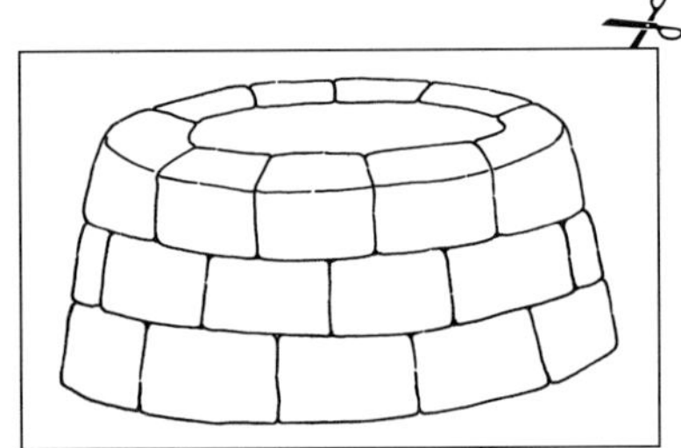

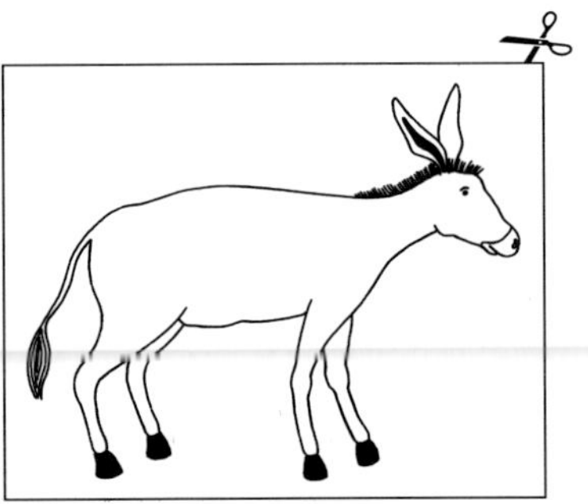

**Gott sagt zu Abraham: „Sieh die vielen Sterne.
So viele Kinder wirst du haben."**

Was meint Gott damit, wenn er so viele Nachkommen wie Sterne am Himmel verspricht?

Schreibe es auf die Sterne.

Schneide Abraham und die Sterne aus.

Klebe sie auf dein Lapbook.

Abraham vertraut Gott.

Male die Sterne in der passenden Farbe an.

 **Male passende Bilder zu der Geschichte.**

 **Schneide die Seiten aus.**

 **Klebe die einzelnen Seiten zusammen.**

 **Klebe das Leporello auf dein Lapbook.**

Klebefläche	Klebefläche
Josef träumt, dass sich Sonne, Mond und elf Sterne vor ihm verneigen. Er erzählt es seinen Brüdern. Diese werden wütend. Sie werfen Josef in einen Brunnen und ziehen ihm den Mantel aus.	Ihrem Vater erzählen die Brüder, dass Josef von einem Tier getötet wurde. Jakob weint und niemand kann ihn trösten.
Jakob hat zwölf Söhne, aber Josef hat er am liebsten. Er schenkt ihm einen schönen Mantel. Das macht Josefs Brüder eifersüchtig.	Eine Karawane zieht vorbei und die Brüder verkaufen Josef an die Händler. Diese nehmen Josef mit nach Ägypten.

Klebefläche

Potifars Frau erzählt eine Lüge über Josef. Josef wird ins Gefängnis geworfen. Dort erklärt er den anderen Gefangenen ihre Träume.

Josef wird in Ägypten als Sklave verkauft. An Potifar, einen reichen Mann.

Klebefläche

Die sieben fetten Kühe aus dem Traum des Pharaos bedeuten sieben gute Jahre und die Ähren eine gute Ernte. Die sieben mageren Kühe bedeuten sieben schlechte Jahre und die dünnen Ähren bedeuten Hunger.

Der Pharao hat einen Traum. Seine Soldaten holen Josef aus dem Gefängnis, damit er die Träume erklären kann.

Klebefläche

Der Pharao legt Vorräte an und auch in den sieben mageren Jahren haben die Menschen genug zu essen. Josef wird zum Minister des Pharaos.

Viele Menschen kommen nach Ägypten, denn in anderen Ländern herrscht Hungersnot. Auch Josefs Brüder kommen.
Sie erkennen Josef nicht und bitten um Essen. Sie verbeugen sich vor ihm und Josef denkt an seine Träume.

Dann gibt Josef sich zu erkennen. Die Brüder haben Angst aber Josef beruhigt sie. Er sagt, dass er nicht mehr böse ist und Gott immer bei ihm war. Er sagt zu seinen Brüdern: Bringt meinen Vater nach Ägypten.

Jakob kommt nach Ägypten. Josef geht seinem Vater entgegen.
Sie umarmen sich.

Vorne steht Josef. Male Josef im Gewand. Wie fühlt er sich?

Male ihn in den passenden Farben an.

Hinten stehen die 11 Brüder. Wie fühlen sie sich?

Male sie in den passenden Farben an.

Schneide aus und klebe alles auf dein Lapbook.

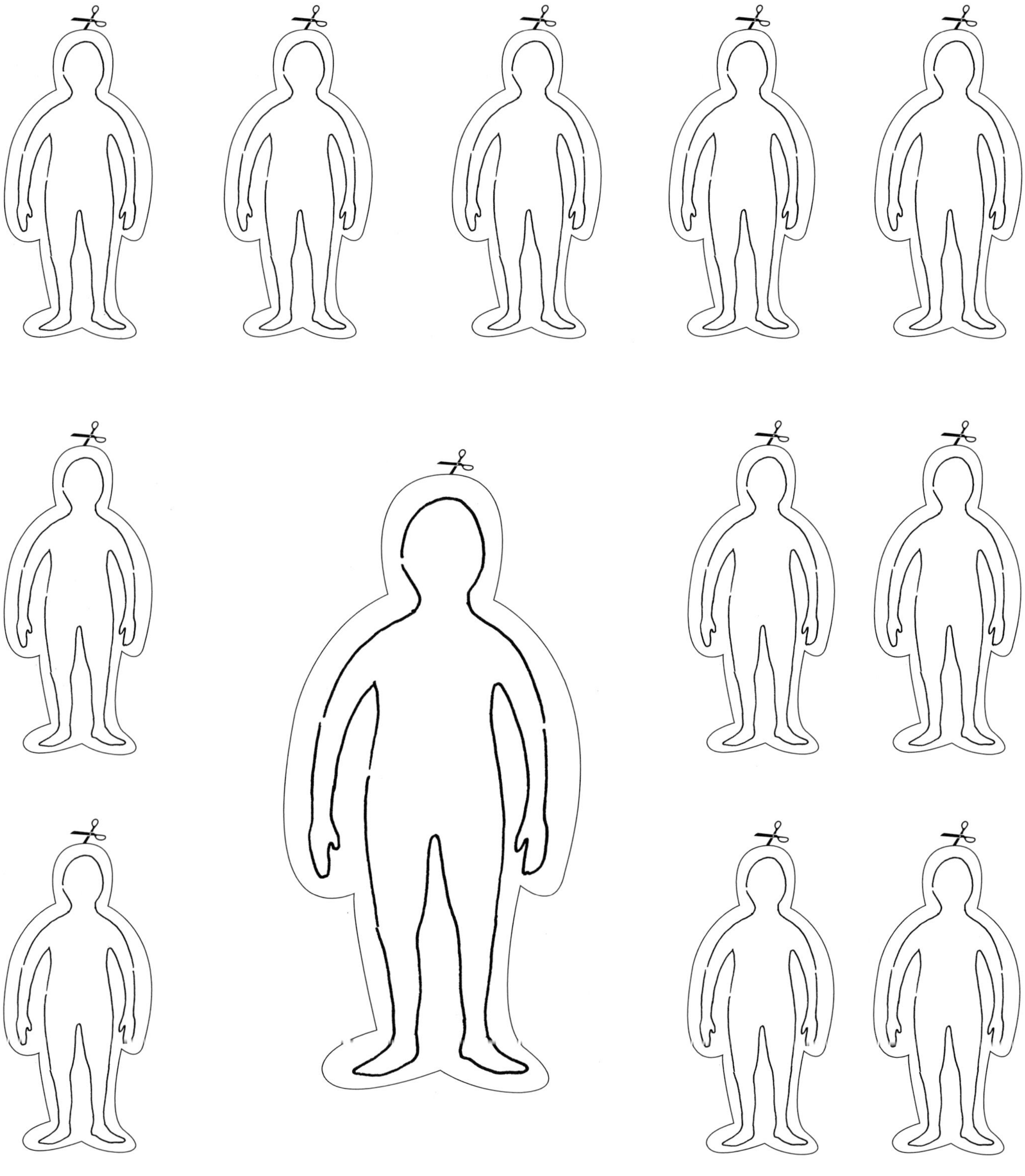

Josef träumt von Sonne, Mond und 11 Sternen, die sich vor ihm verbeugen. Warum träumt Josef davon?

Schreibe es auf und male Sonne, Mond und Sterne dazu.

Schneide alles aus und klebe alles auf dein Lapbook.

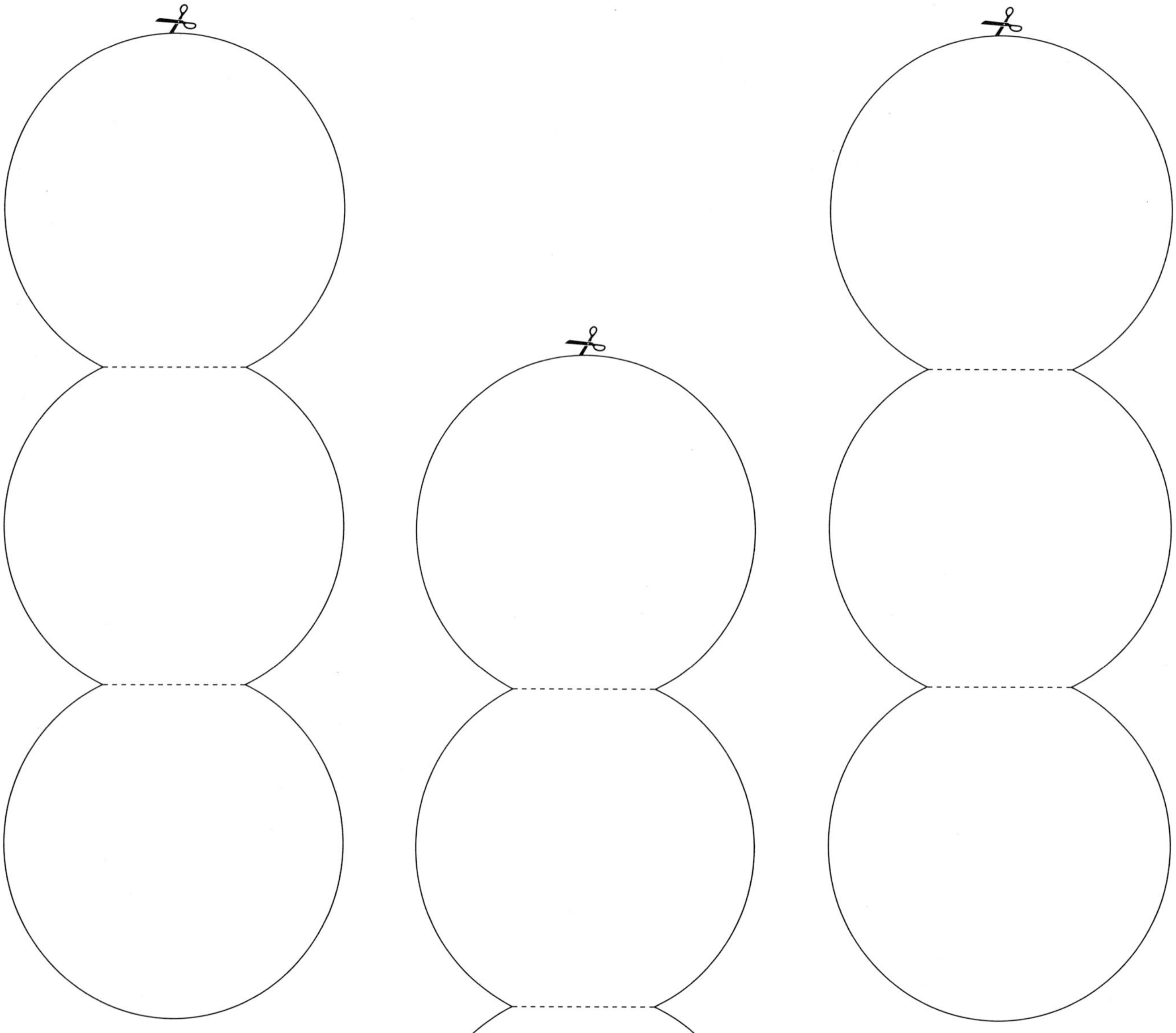

Warst du schon einmal wütend oder neidisch?
Wie hast du dich dabei gefühlt?

Schreibe es auf die Kärtchen und schneide sie aus.

Falte einen Briefumschlag.

Lege die Karten hinein und klebe den Umschlag auf dein Lapbook.

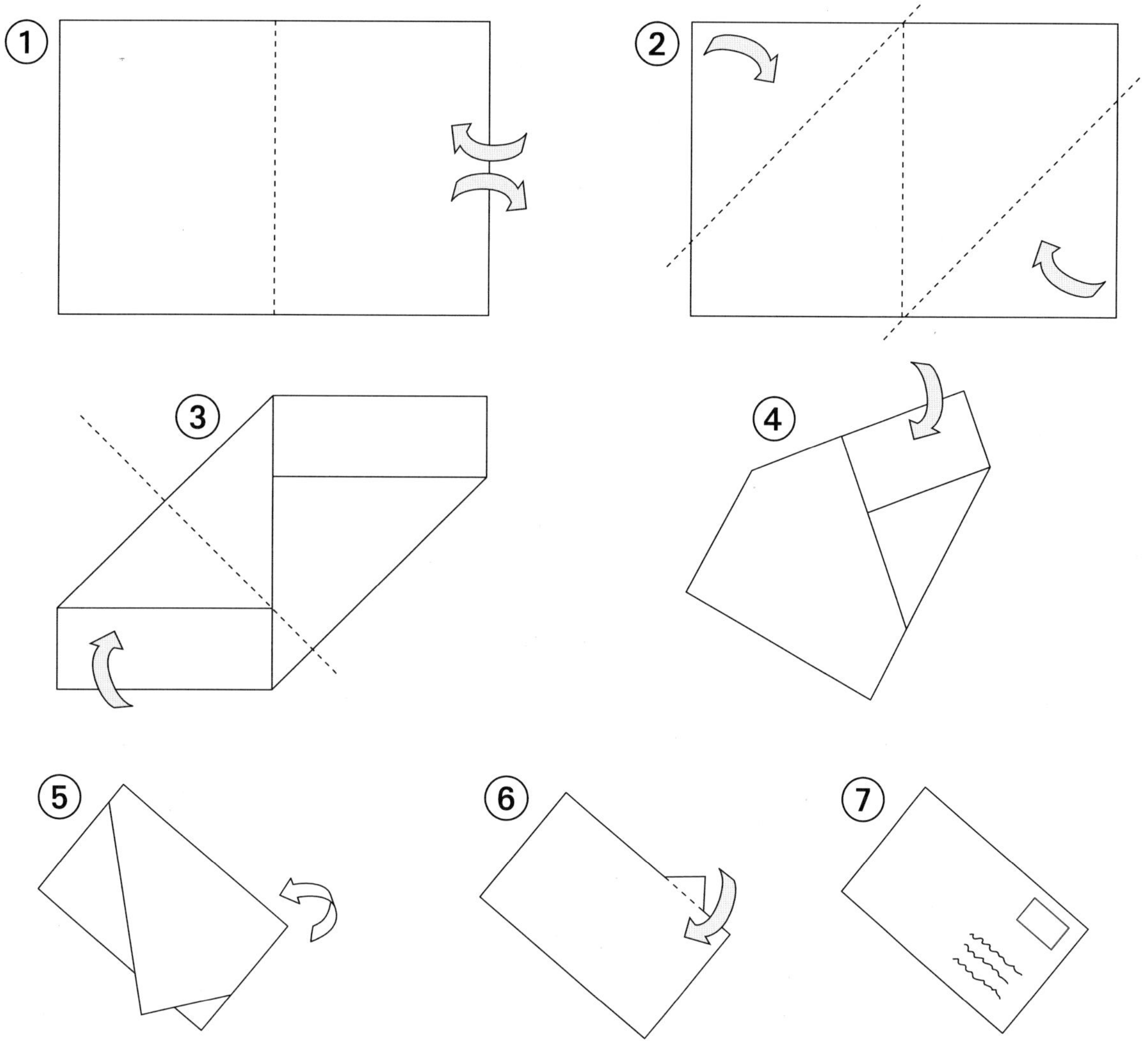

① ② ③ ④ ⑤ ⑥ ⑦

Josef wird von seinen Brüdern in einen Brunnen geworfen.

Schneide die Vorlage aus.

Falte sie.

Klappe den Brunnen auf und male Josef hinein.

Was denkt er?

Schreibe es auf die Seitenlaschen.

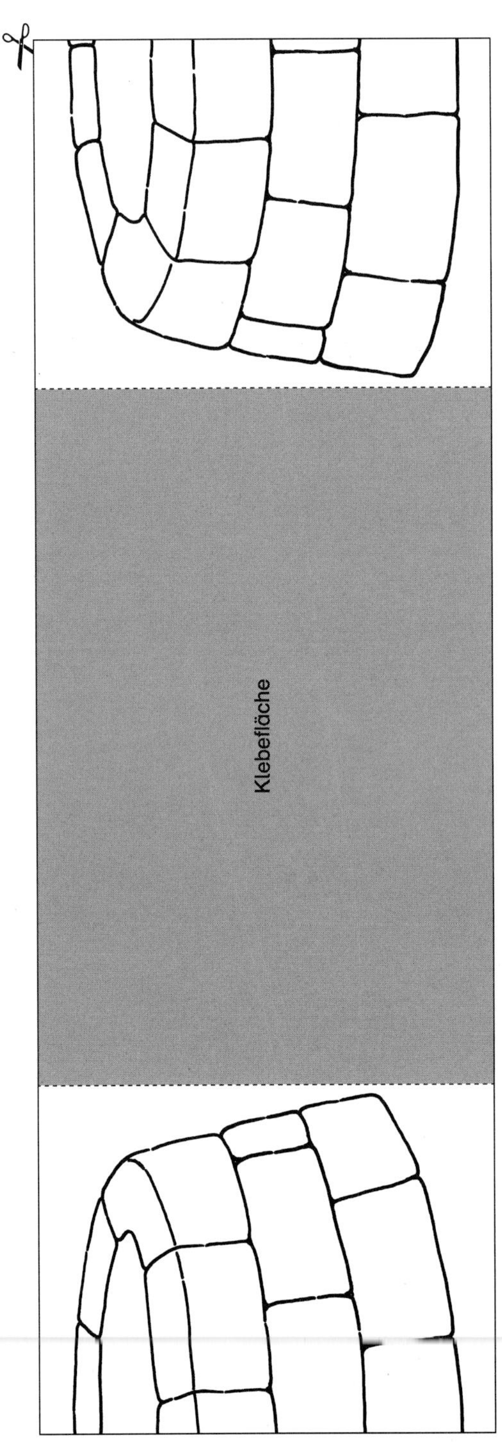

In Ägypten wurde früher mit Hieroglyphen geschrieben.
Das ist eine Schrift, die aus Bildern besteht.

 **Schreibe deinen Namen in Hieroglyphen auf dein Lapbook.**

A	B	C oder	D	E oder oder		
F	G	H	I	J	K	L	M
N	O	P	Q	R	S	T	U
V	W	X oder	Y oder		Z	SH

Der Pharao hat einen Traum.
Was bedeutet er?

 **Schreibe auf.**

Hefte alles zusammen mit einer Musterklammer auf dein Lapbook.

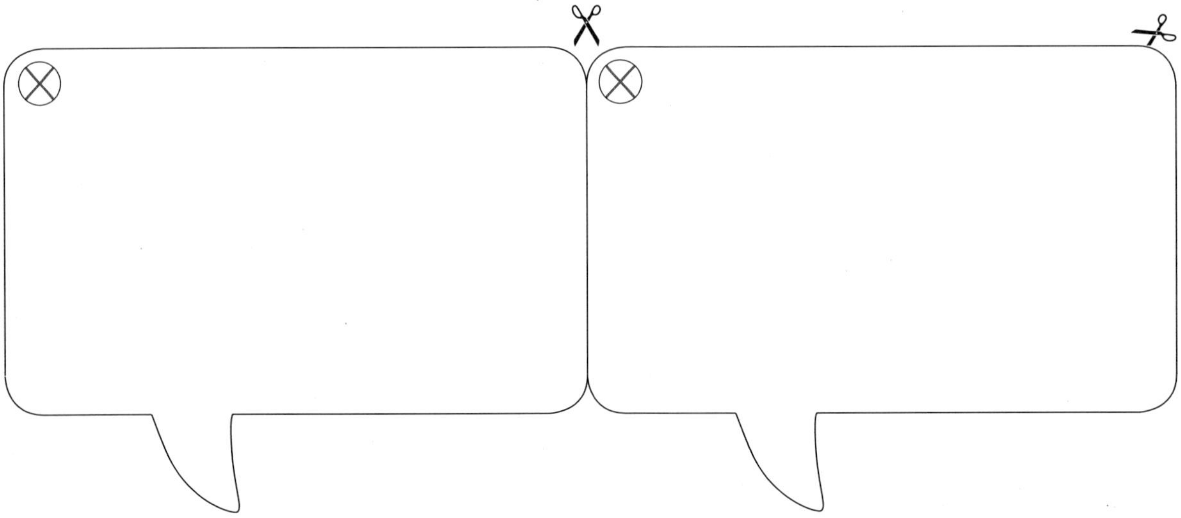

Die Familie ist wieder zusammen.

Male ein Bild in die Mitte der Blume.

Schreibe in die Blütenblätter, wie sich Josef und seine Familie fühlen.

Schneide die Blume aus.

Falte sie.

Klebe sie auf dein Lapbook.

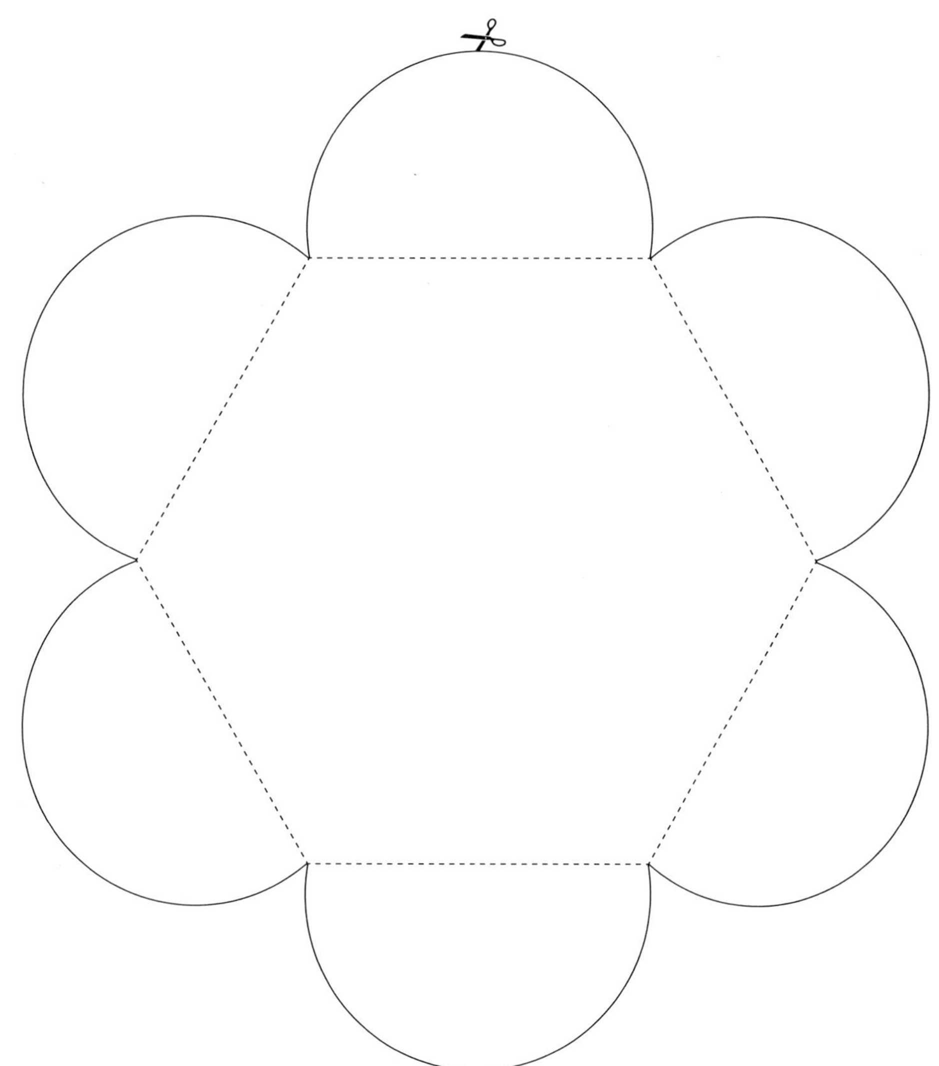

 **Schneide das Leporello aus. Falte es.**

 **Schneide die Bilder aus.**

 **Klebe sie in der richtigen Reihenfolge auf das Leporello.**

 **Klebe das Leporello auf dein Lapbook.**

Klebefläche

Klara Kirschbaum: Lapbooks im Religionsunterricht

Warum flieht Jona vor seinem Auftrag?

 **Schneide die Rahmen aus.**

 **Schreibe auf.**

 **Klebe alles zusammen. Nimm dir so viele Schreiblinien, wie du brauchst.**

 **Klebe das Buch auf dein Lapbook.**

Klebefläche

Klebefläche

Klebefläche

Klebefläche

Was denkt Jona bei seiner Flucht?

Schneide die Gedankenblasen aus.

Schreibe auf.

Klebe alles zusammen. Nimm dir so viele Schreiblinien, wie du brauchst.

Klebe die Gedankenblasen zu Jona auf dein Lapbook.

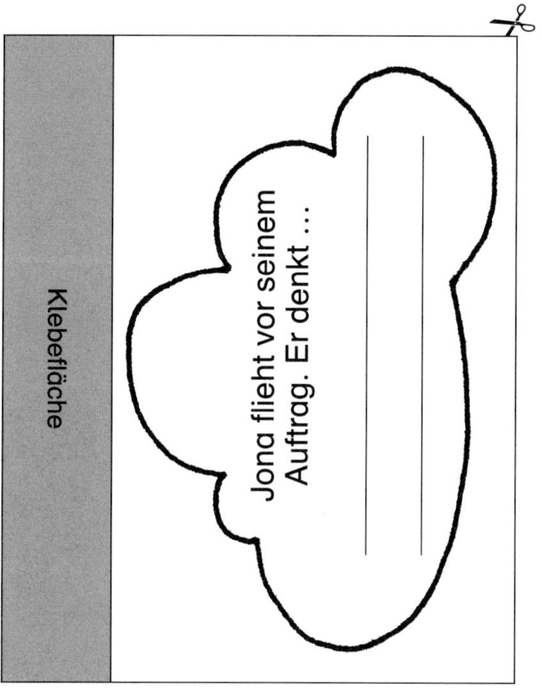

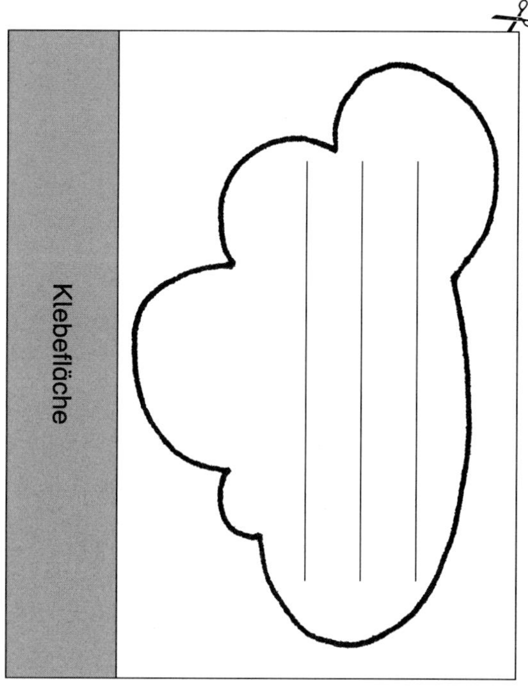

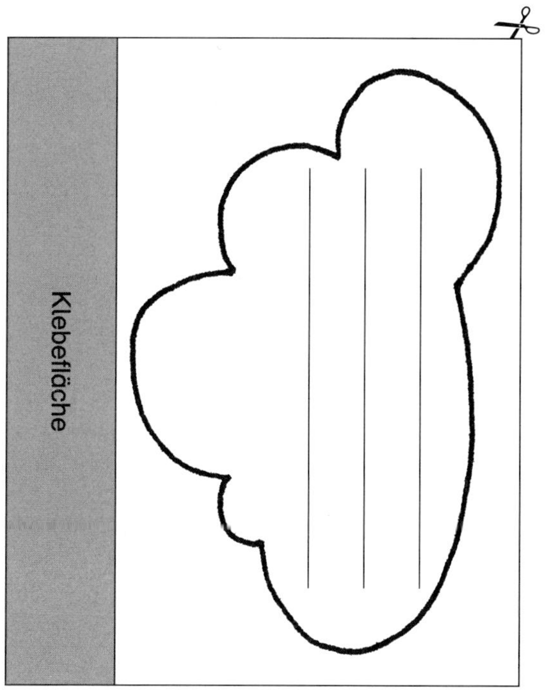

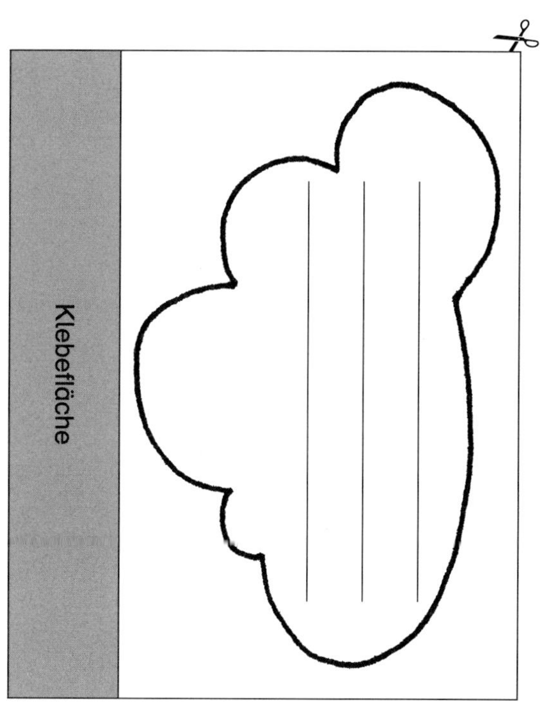

 **Schneide den Wal aus.**

 **Male Jona im Wal.**

 **Wie fühlt Jona sich? Male ihn in der passenden Farbe an.**

Klebe den Wal auf dein Lapbook und klappe die Lasche zu, sodass Jona nicht zu sehen ist.

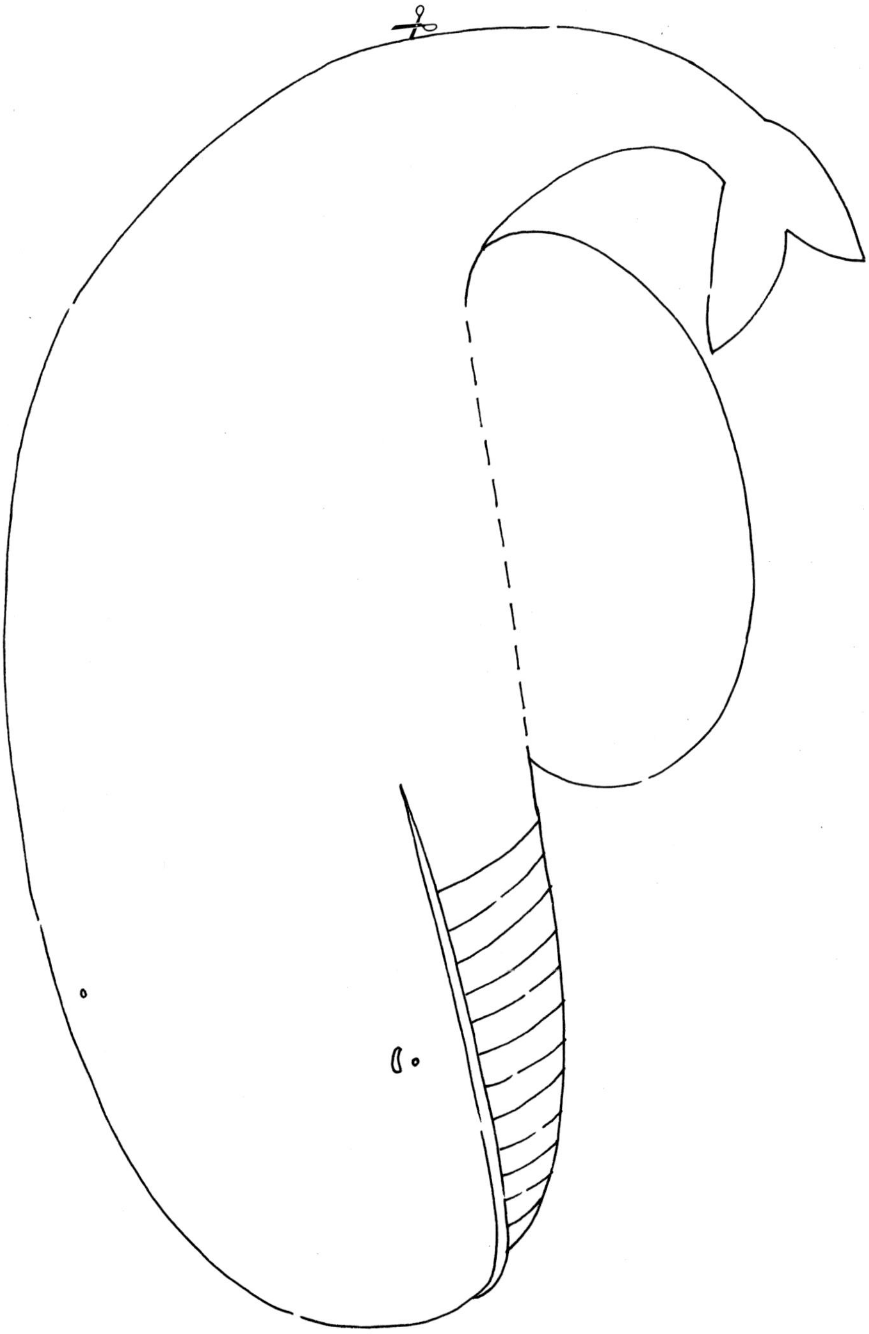

Jona betet zu Gott.

Schreibe ein Gebet für Jona auf die kleinen Zettel.

Bastele dir einen Briefumschlag und stecke das Gebet hinein.

Klebe den Umschlag auf dein Lapbook.

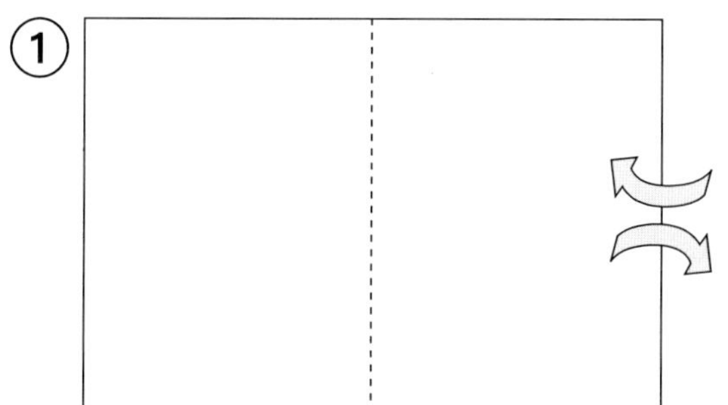

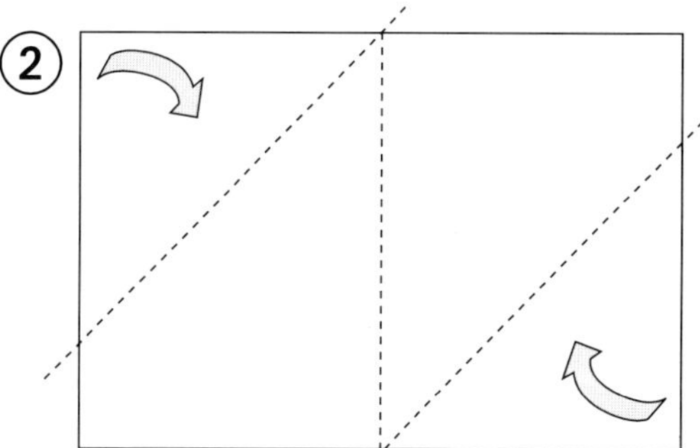

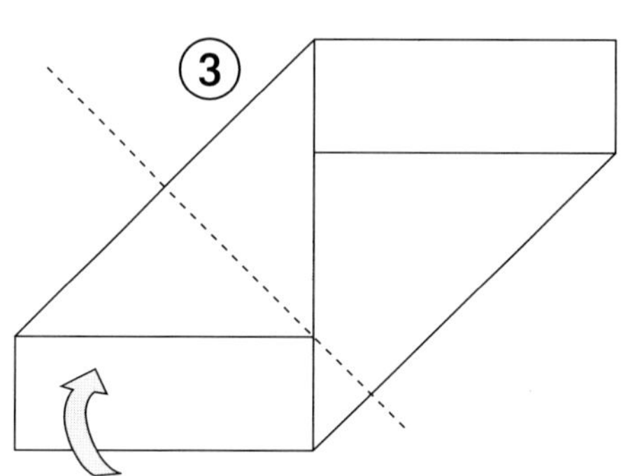

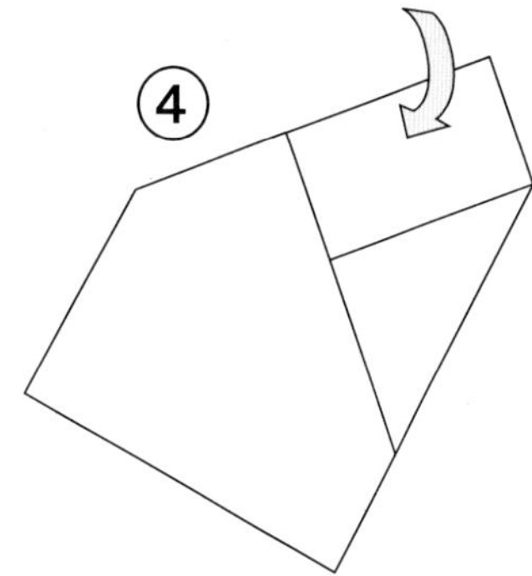

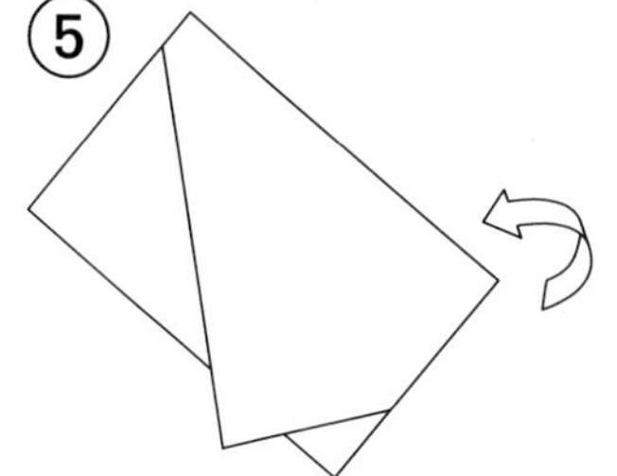

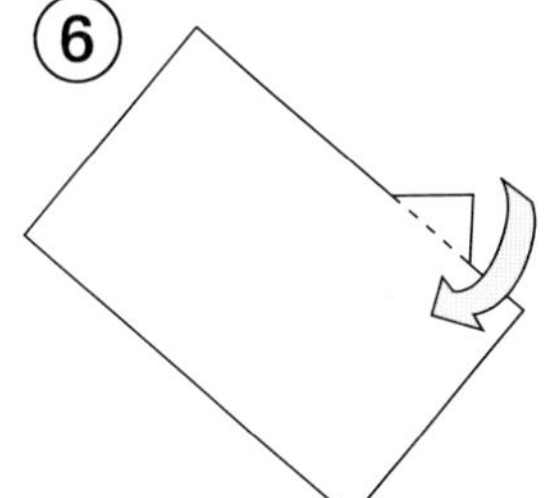

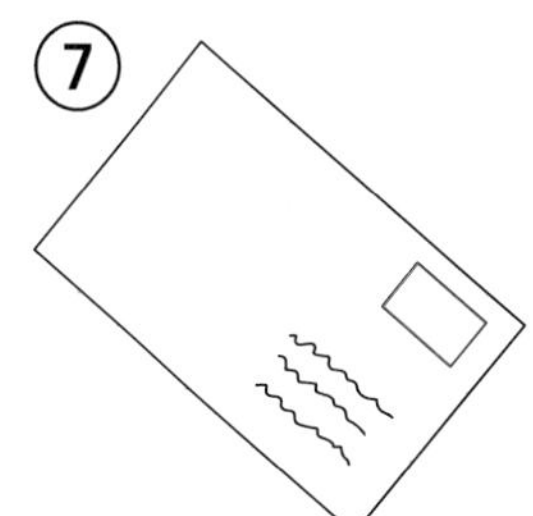

Ich fiel in die Tiefe, mitten ins Meer.	Ich dachte, mein Leben wäre nun zu Ende.	Aber dann hast du mich gerettet.
Ich rufe aus dem Bauch des Fisches zu dir.		

Jona geht zu den Menschen in Ninive und erzählt ihnen von Gottes Plan.
Wie reagieren die Menschen? Was denken sie?

Schreibe auf.

Schneide die Figuren aus.

Hefte sie mit einer Musterklammer auf dein Lapbook.

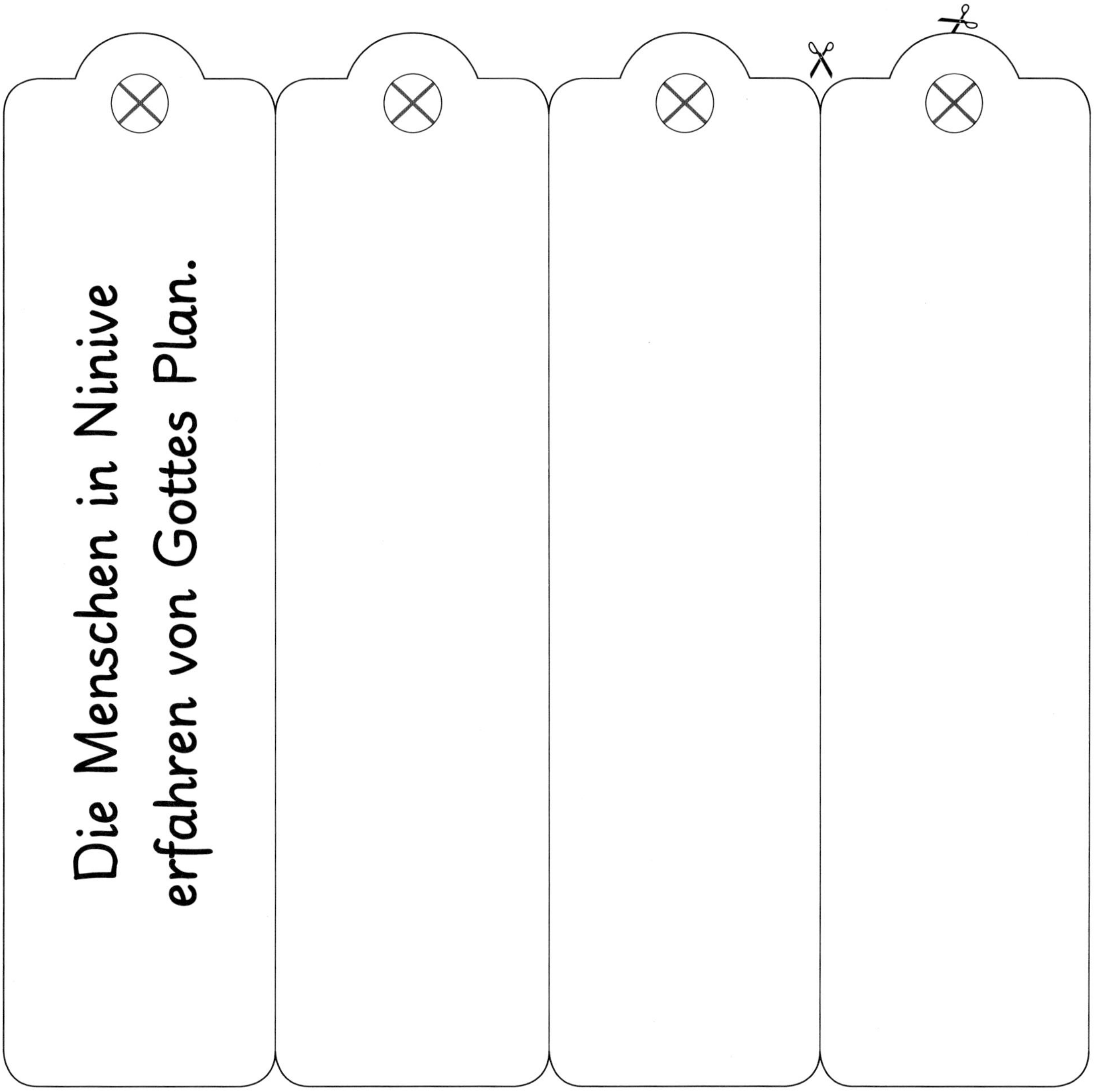

Die Menschen in Ninive
erfahren von Gottes Plan.

Gott hat Erbarmen mit der Stadt Ninive. Jona ist wütend.

 **Schreibe einen Tagebucheintrag für Jona.**

 **Schneide die Seiten aus.**

 **Klebe sie zusammen.**

 **Klebe das Tagebuch auf dein Lapbook.**

Klebefläche

Gott hat Erbarmen mit der Stadt Ninive. Erst war ich wütend …

Klebefläche

Klebefläche

Klebefläche

Schneide die Textkarten aus.

Male passende Bilder in die leeren Karten.

Nimm dir eine Schnur und für jede Karte eine Wäscheklammer. Hefte die Bilder und Texte in der richtigen Reihenfolge an die Schnur.

Klebe die Schnur auf dein Lapbook.

Kaiser Augustus sagte: „Alle Menschen, die in meinem Reich leben, müssen aufgeschrieben werden. Jeder muss in seine Heimatstadt gehen.“	

Josef wohnt in der Stadt Nazareth. Seine Heimatstadt ist Bethlehem, also muss er nach Bethlehem gehen. Der Weg ist weit. Er nimmt seine Frau Maria mit. Maria erwartet ein Kind.	

In Bethlehem ist für Josef und Maria kein Platz in der Herberge. Sie müssen in einem Stall schlafen. Dort bekommt Maria ihr Kind, einen Sohn. Sie gibt ihm den Namen Jesus und wickelt ihn in Windeln. Sie legt ihn in eine Futterkrippe.	

Draußen auf dem Feld sind die Hirten. Sie passen in der Nacht auf die Schafe auf.	

Plötzlich steht bei ihnen ein Engel. Er leuchtet ganz hell. Die Hirten erschrecken. Sie haben große Angst. Der Engel sagt: „Fürchtet euch nicht! Ich bringe euch große Freude. Der Heiland ist geboren. Heute, in Bethlehem. Geht und sucht ihn! Er liegt als Kind in einer Krippe, in Windeln gewickelt."	

Auf einmal sind da noch viel mehr Engel. Sie singen: „Ehre sei Gott in der Höhe und Frieden auf Erden! Gott hat die Menschen lieb."	

Dann sind die Engel wieder fort. Die Hirten gehen nach Bethlehem. Sie haben es eilig. Sie wollen den Heiland sehen.	

Die Hirten kommen zum Stall.
Sie sehen Maria und Josef. Sie finden das Kind in der Krippe. Die Hirten erzählen, was der Engel zu ihnen gesagt hat: „Das Kind ist der Heiland!“ Dann gehen sie wieder zu ihren Schafen. Sie loben und preisen Gott.

In einem fernen Land leben kluge Männer. Man nennt sie „die Weisen aus dem Morgenland“. Jede Nacht blicken sie zu den Sternen auf. Auf einmal entdecken sie einen neuen Stern. Was hat das zu bedeuten?

Sie machen sich auf den Weg.
Sie folgen dem Stern. Der Stern führt sie nach Bethlehem. Über dem Stall bleibt er stehen. Sie freuen sich. Sie sind am Ziel.

Sie gehen hinein. Sie finden Jesus mit seiner Mutter Maria.
Sie knien vor Jesus nieder. Sie haben Geschenke mitgebracht. Es sind kostbare Geschenke, wie für einen König. Sie schenken dem Kind Gold, Weihrauch und Myrrhe.

Was wünschst du dir zu Weihnachten?

Schneide die Geschenke aus. Falte sie.

Schreibe deine Wünsche auf.

Klebe sie auf dein Lapbook.

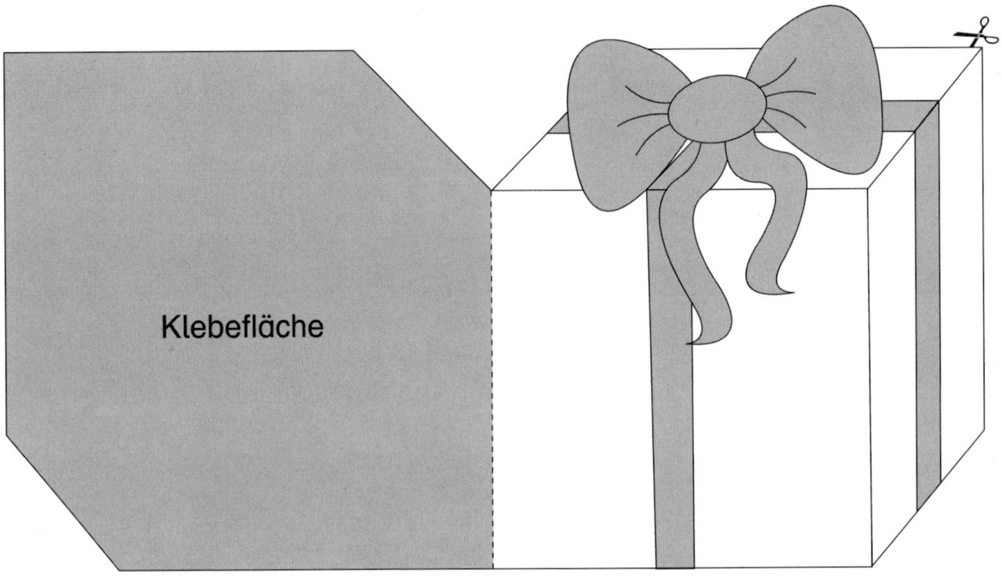

Klebefläche

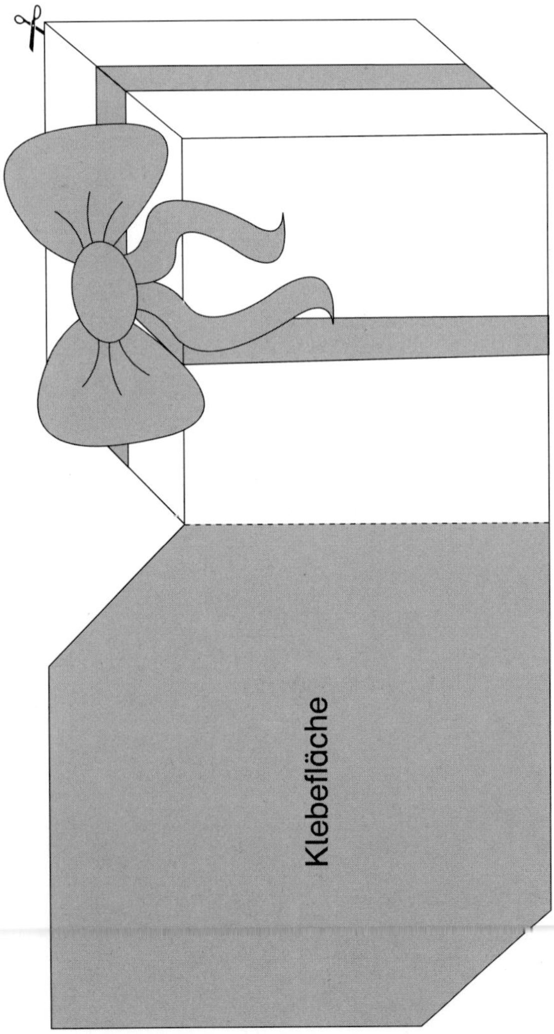

Klebefläche

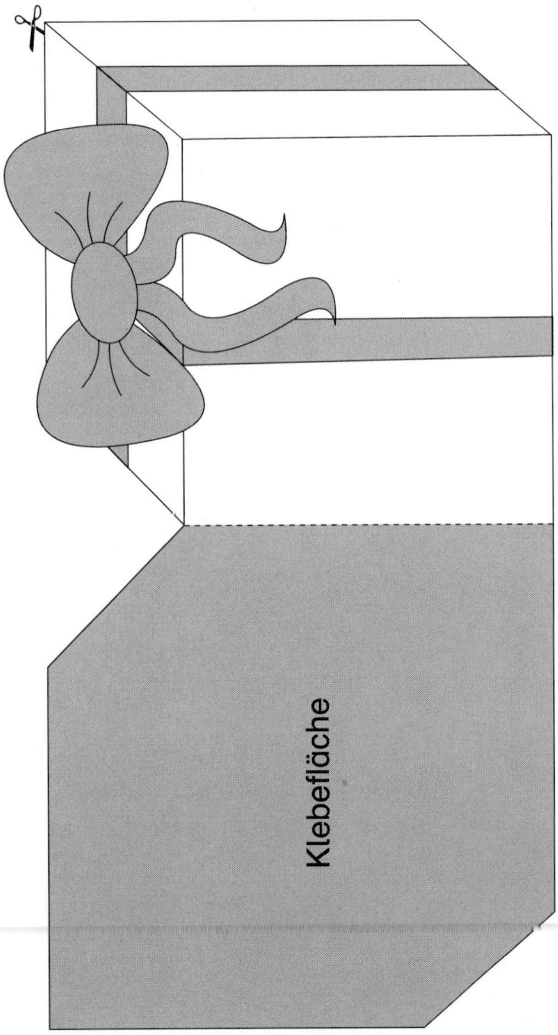

Klebefläche

Was wünschten sich die Hirten auf dem Feld?

Schneide die Sterne aus.

Falte sie.

Schreibe die Wünsche der Hirten auf.

Klebe die Sterne auf dein Lapbook.

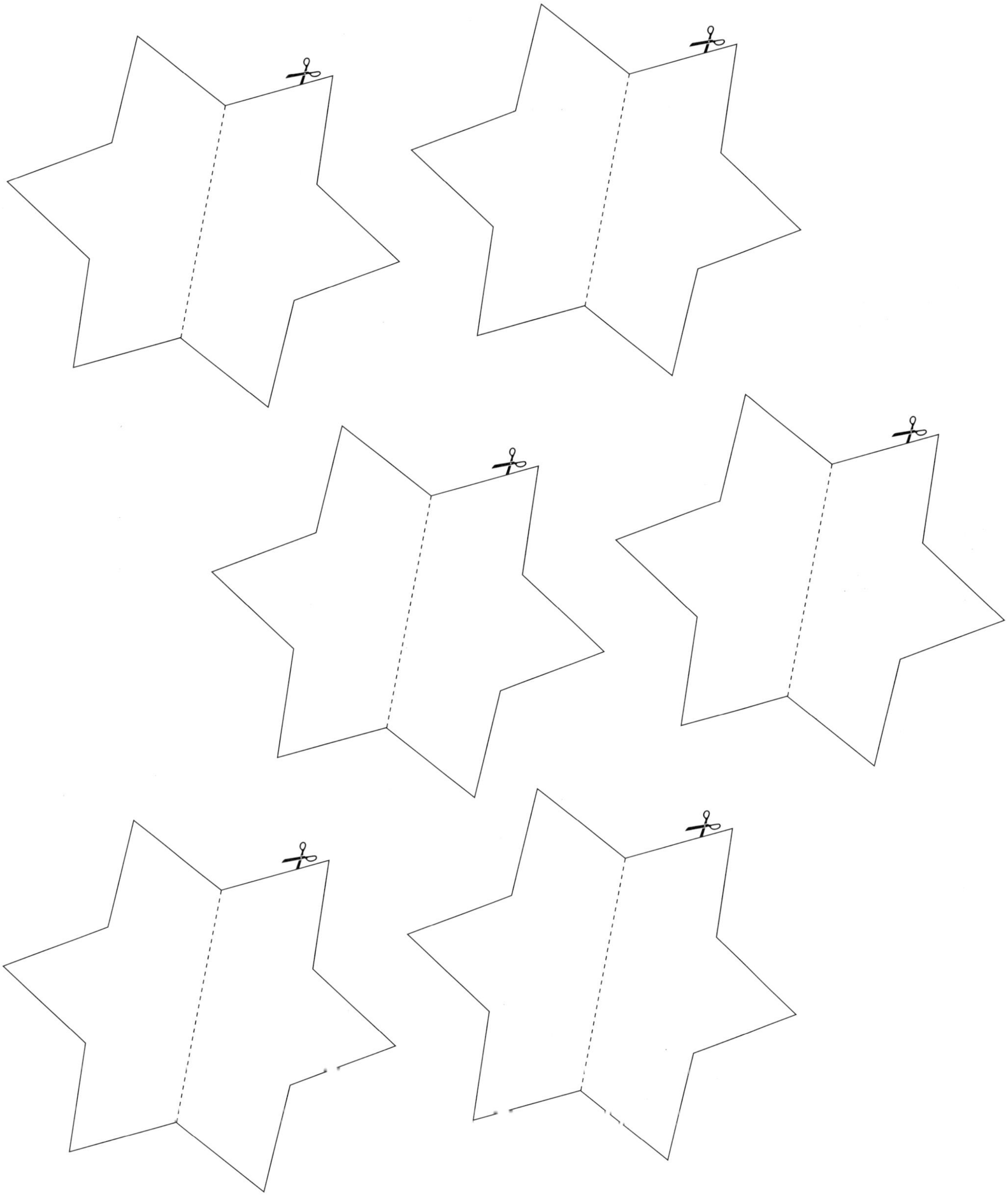

Suche dir einen Psalm aus.

 **Schreibe ihn auf dein Lapbook.**

 **Male ein passendes Bild darunter.**

 **Schreibe noch eigene Gedanken dazu.**

Der Herr ist mein Licht und mein Heil; vor wem sollte ich mich fürchten?

(Psalm 27,1)

Herr, deine Güte reicht, so weit der Himmel ist, und deine Wahrheit, so weit die Wolken gehen.

(Psalm 36,6)

Denn du bist mein Helfer, und unter dem Schatten deiner Flügel frohlocke ich.

(Psalm 63,8)

Der Herr ist mein Hirte; mir wird nichts mangeln.

(Psalm 23,1)

Schmecket und sehet, wie freundlich der Herr ist. Wohl dem, der auf ihn vertraut.

(Psalm, 34,9)

Jesus ist das Licht der Welt.
Überlege, wie auch du für andere Menschen ein Licht sein kannst.

Schreibe oder male auf die Kärtchen.

Schneide die Tasche und die Kärtchen aus.

Falte die Tasche und klebe sie auf dein Lapbook.
Stecke die Karten hinein.

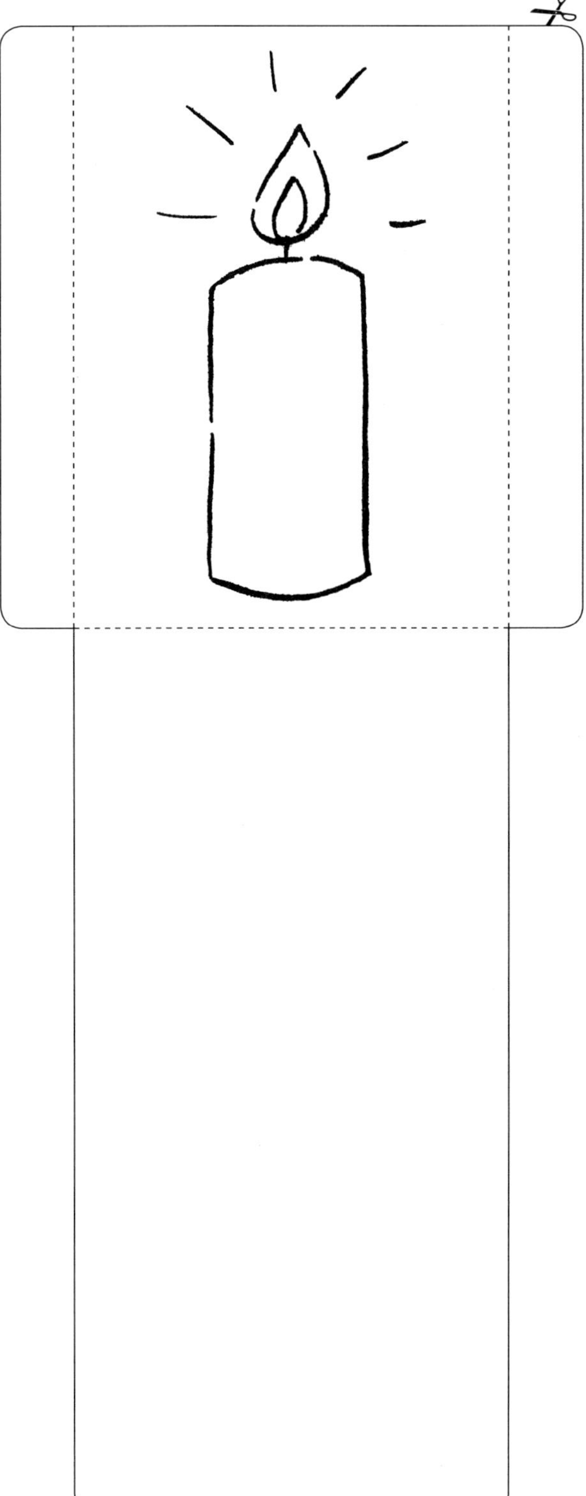

Schneide den Tannenbaum und den Tannenbaumschmuck aus.

Gestalte den Tannenbaum und klebe ihn auf dein Lapbook.

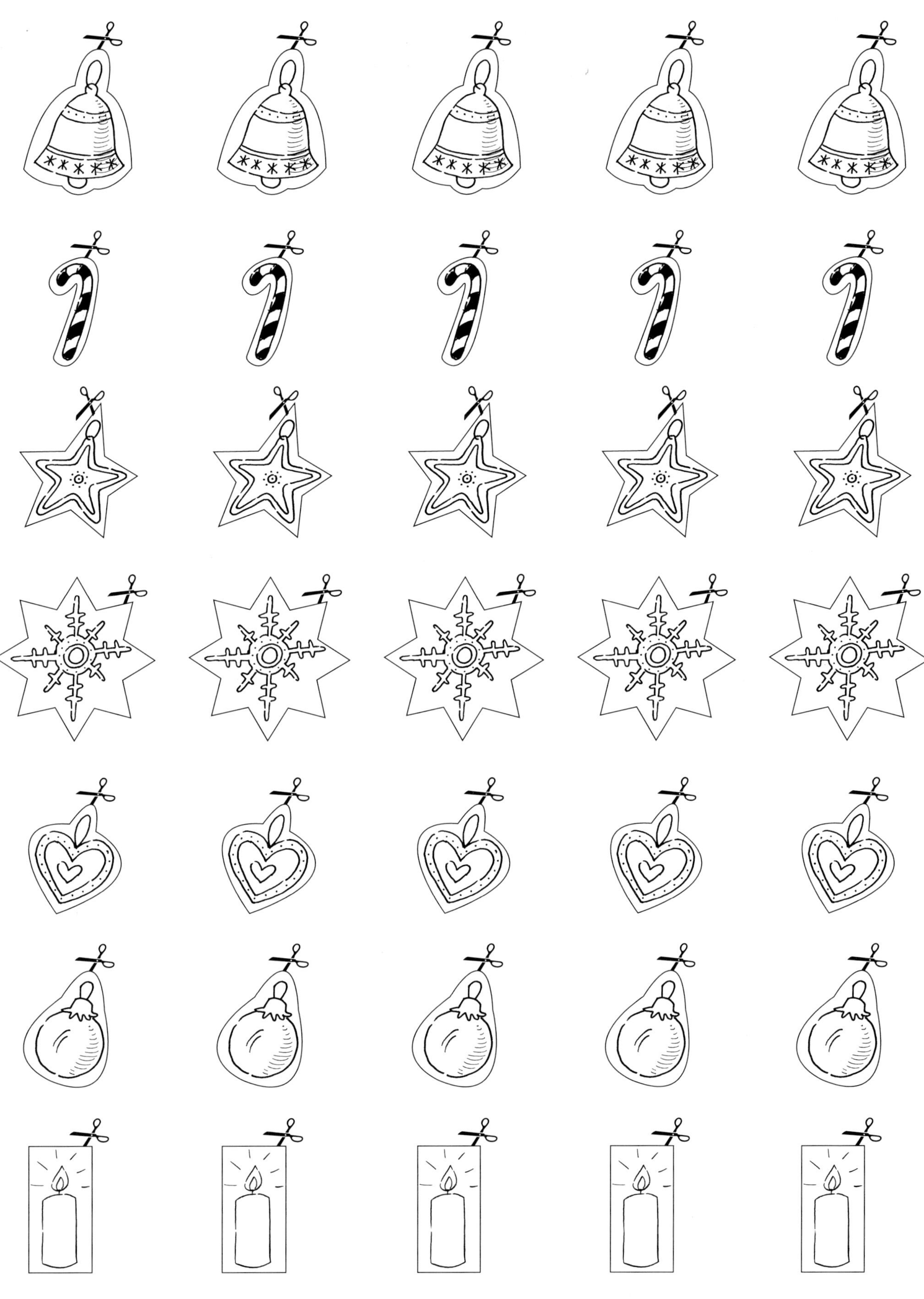

Welche Bräuche gibt es zur Weihnachtszeit?

Schneide die Bildkarten aus und klebe sie in den Kreis. Hefte die beiden Kreise mit einer Musterklammer auf dein Lapbook.

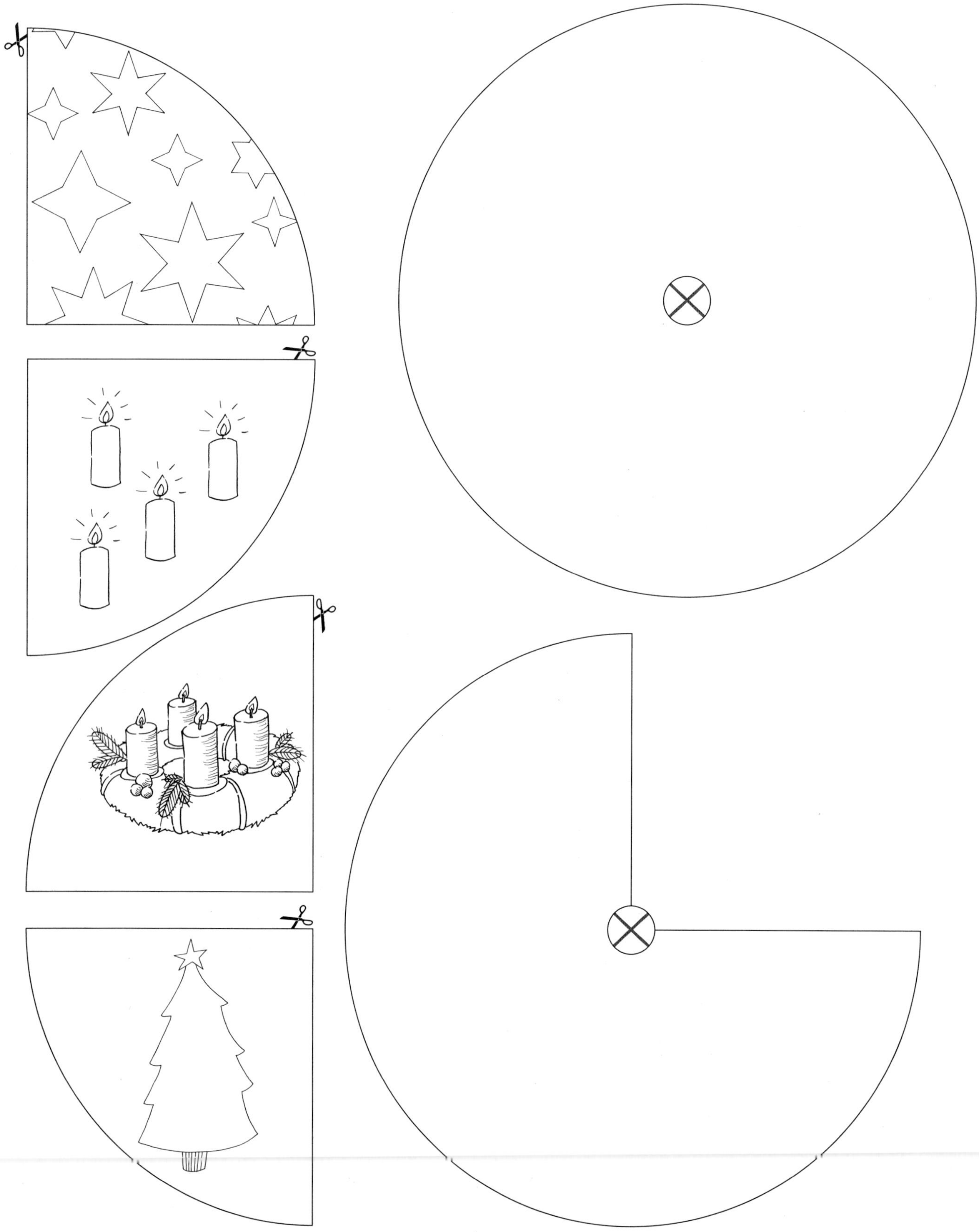

Informiere dich.
Lies die Texte oder lass sie dir vorlesen.

Die Orgel

Die Orgel ist das wichtigste Instrument in der Kirche – deshalb findet man auch in fast jeder Kirche eine. Der Musiker, der dieses Instrument spielt, heißt Organist. Wenn er eine Taste drückt, wird Luft durch die großen Pfeifen gedrückt und ein Ton entsteht. Mit seiner Orgelmusik begleitet der Organist die Gottesdienstbesucher während des Singens.

Die Kerze

Die Kerze steht auf fast jedem Altar. Manchmal gibt es sogar mehrere davon auf dem Altar. Die Kerze erinnert daran, dass Jesus sagte: „Ich bin das Licht der Welt“ (Joh. 8, 12).

Die Bibel

Auf dem Altar liegt meistens ein besonderes Buch, die Bibel. Sie ist die Grundlage unseres Glaubens und besteht aus dem Alten Testament und dem Neuen Testament.

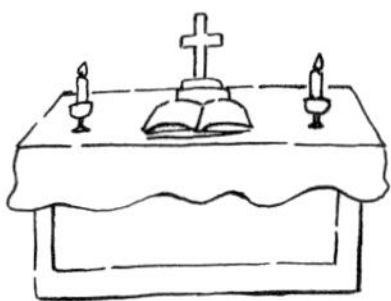

Der Altar

Der Altar sieht wie eine Art Tisch aus und ist meistens reich verziert. Viele Altare haben außerdem Flügel an der Seite, die ebenfalls verziert sind. Altare werden oft für den Gottesdienst geschmückt, je nachdem, wo wir uns gerade im Jahreskreis befinden. Meistens liegt eine Bibel auf dem Altar. Auch ein Altartuch, Altarkerzen und ein Kreuz lassen sich darauf finden.

Die Kanzel

Im Gottesdienst predigt der Pfarrer etwas über eine Geschichte aus der Bibel. Dies geschieht meistens von der Kanzel aus. Diese ist erhöht, sodass der Pfarrer gut zu hören und zu sehen ist. Meist hat die Kanzel auch ein Dach, das die Stimme des Pfarrers besser nach unten zur Gemeinde leiten soll.

Informiere dich.
Lies die Texte oder lass sie dir vorlesen.

Das Taufbecken

Das Taufbecken besteht aus Holz, Metall oder Stein. In ihm werden Kinder, Jugendliche und Erwachsene getauft. Dem Täufling wird Wasser über den Kopf gegossen und der Pfarrer tauft ihn im Namen des Vaters, des Sohnes und des Heiligen Geistes.

Das Kreuz

Das Kreuz steht entweder auf dem Altar oder hängt an der Wand. Es ist das wichtigste Symbol des Christentums und erinnert an den Tod Jesu und seine Auferstehung. Das Kreuz soll den Menschen Hoffnung geben.

Das Lesepult

Am Lesepult werden Geschichten aus der Bibel vorgelesen oder Abkündigungen verlesen – also über wichtige Termine oder Ähnliches in der Kirchengemeinde informiert.

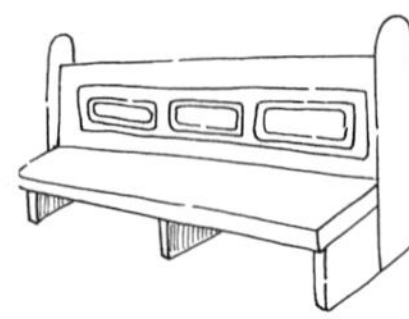

Die Kirchenbank

Auf die Kirchenbank setzt man sich, wenn man einen Gottesdienst besucht. Man kann sich auch setzen, wenn man einfach nur die Kirche anschauen möchte oder auch, wenn man ruhig werden und beten möchte.

Das Liederbuch und die Liedertafel

Das Liederbuch wird gebraucht, wenn im Gottesdienst Lieder gesungen werden. In dem Buch stehen viele Lieder, aber auch Gebete und Psalmen. Auch der Ablauf des Gottesdienstes lässt sich darin finden. Auf der Liedertafel, die in der Kirche an der Wand hängt, kann man ablesen, welche Lieder im Gottesdienst gesungen werden sollen. Es ist die Zahl angeschlagen, unter der das Lied, das gesungen werden soll, im Gesangbuch steht. Auch die Strophen stehen auf der Tafel.

Schneide die Heftchen aus.

Was ist zu sehen? Schreibe es neben das Bild.

Klebe die Heftchen in die Kirche.

Klebe die Kirche auf dein Lapbook.

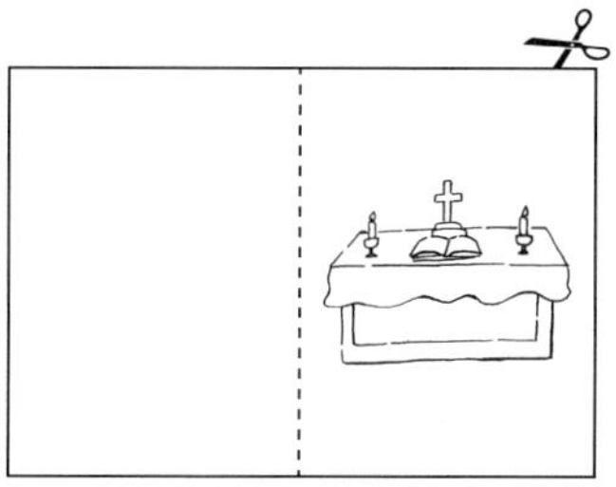

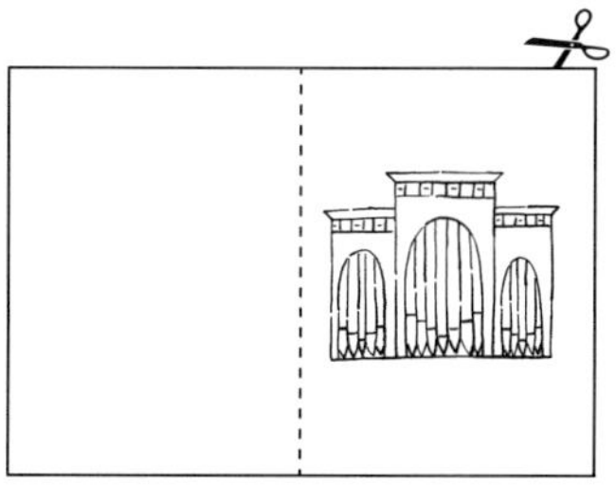

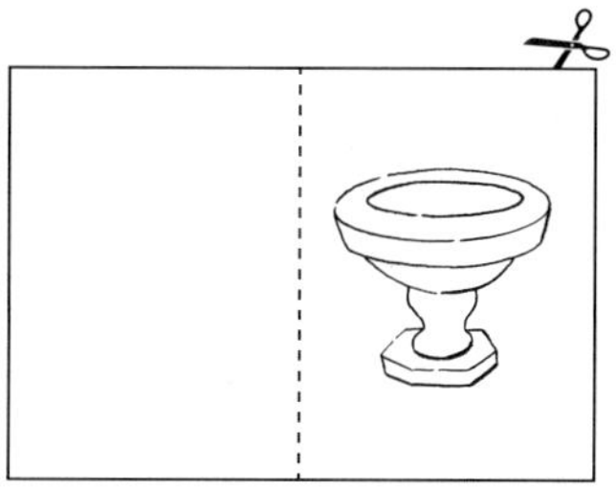

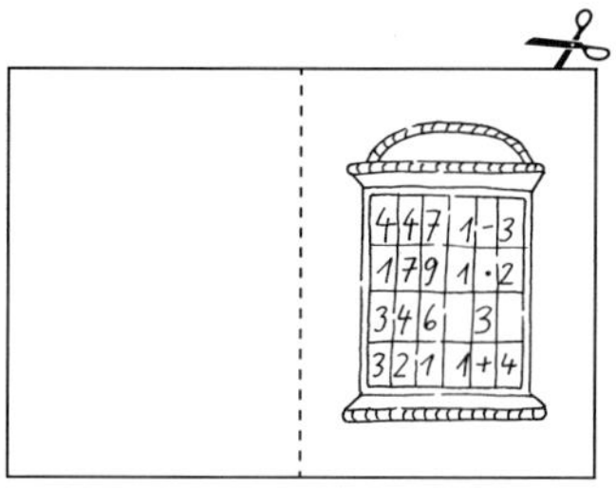

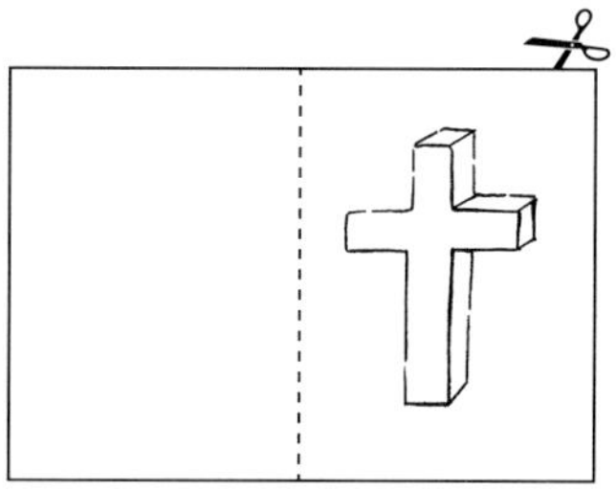

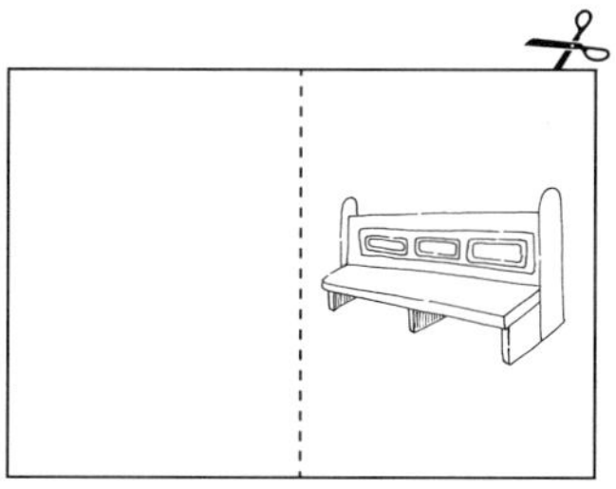

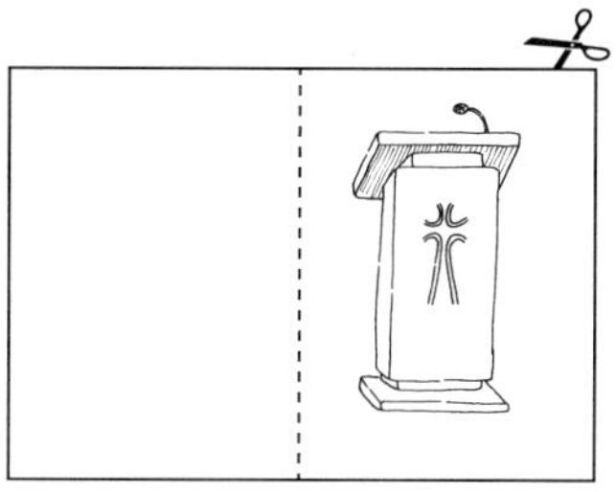

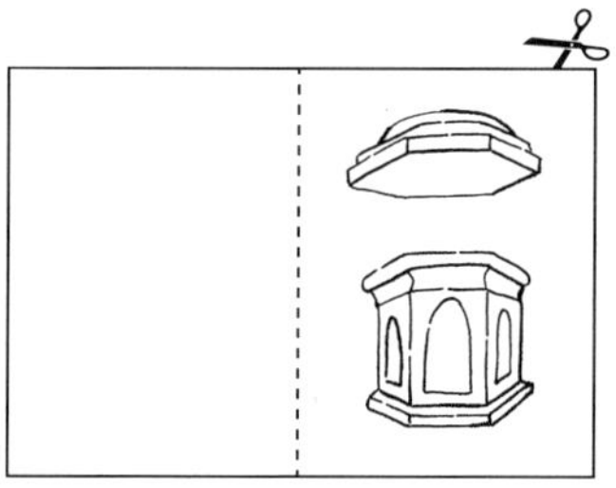

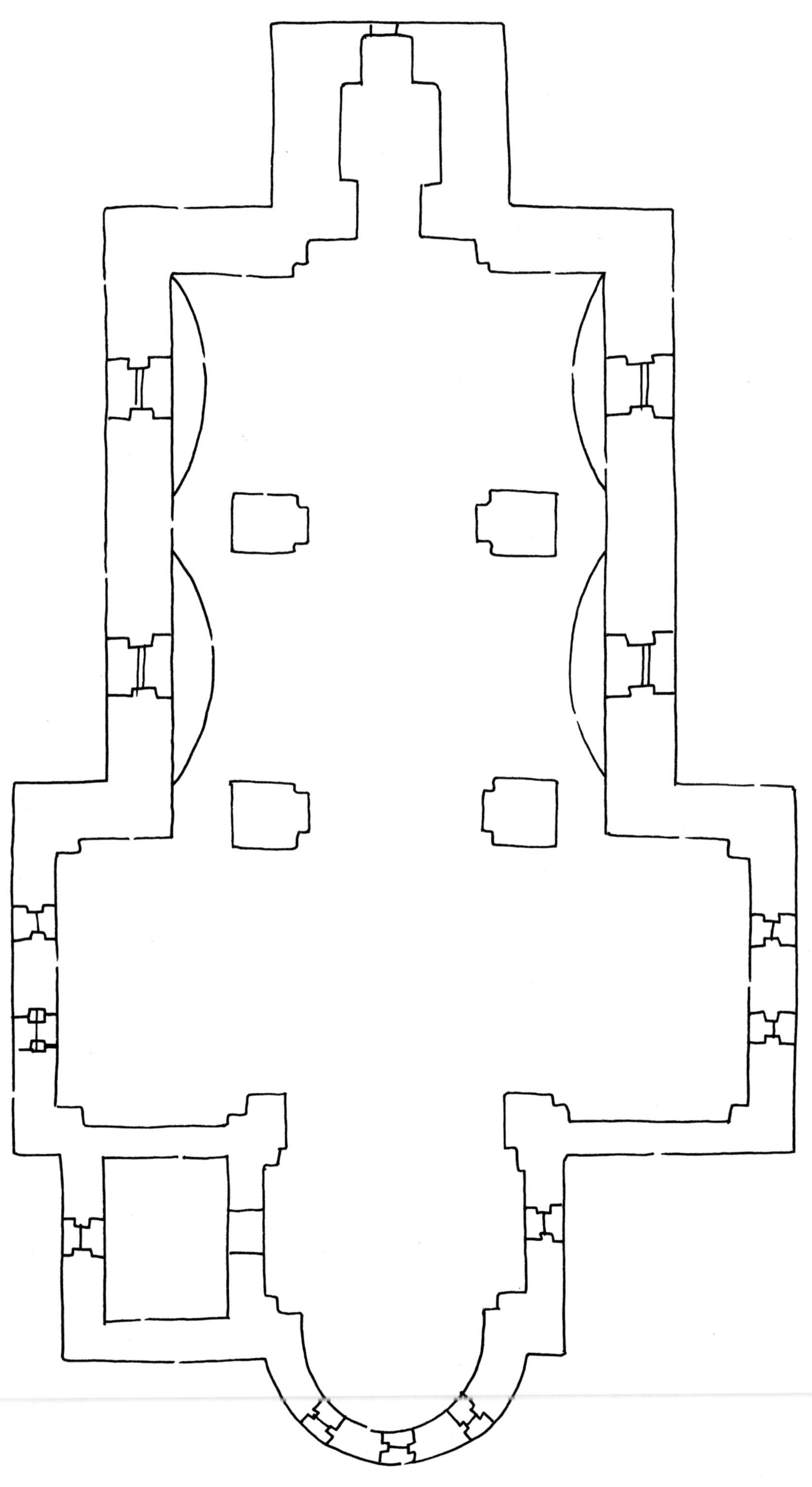

Schneide alle Vorlagen aus.

Klebe sie in der richtigen Reihenfolge in den Kreis.

Hefte beide Kreise mit einer Musterklammer auf dein Lapbook.

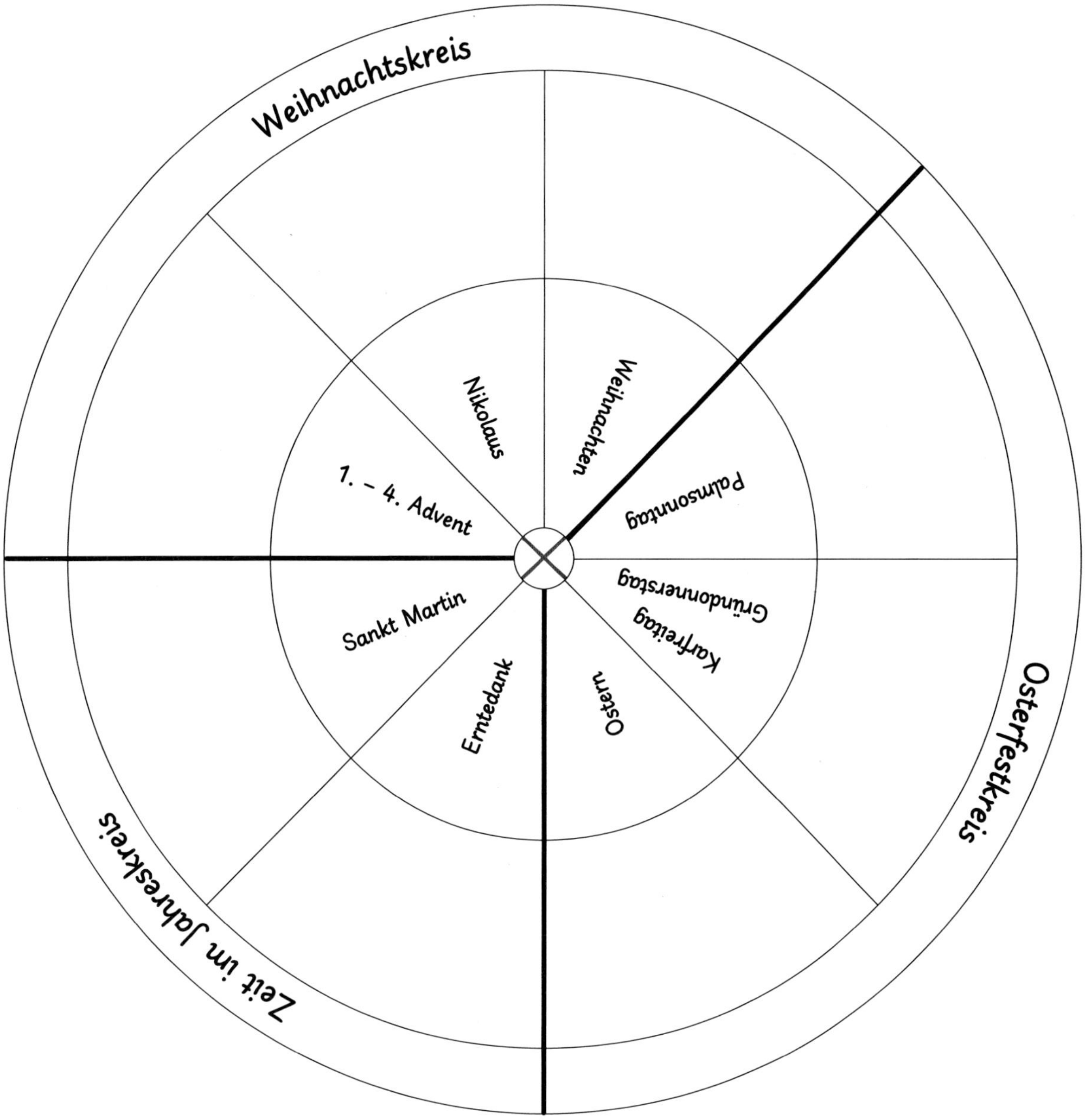

Weihnachtskreis

Osterfestkreis

Zeit im Jahreskreis

Nikolaus

Weihnachten

1. – 4. Advent

Palmsonntag

Gründonnerstag

Karfreitag

Sankt Martin

Erntedank

Ostern

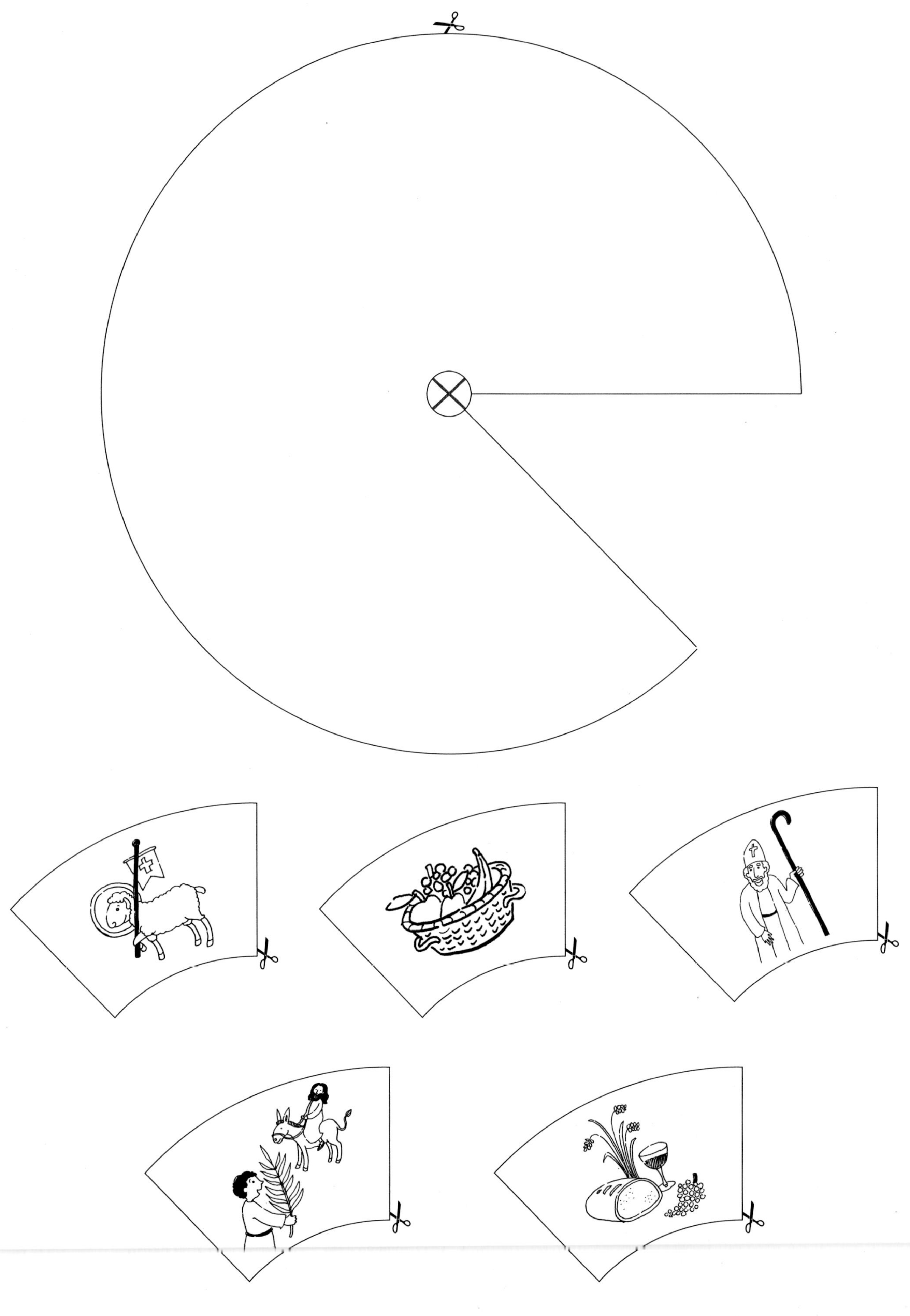

Klebefläche

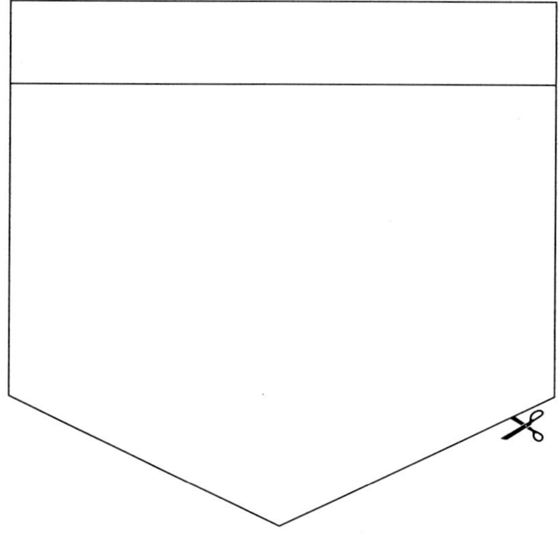

Klebefläche

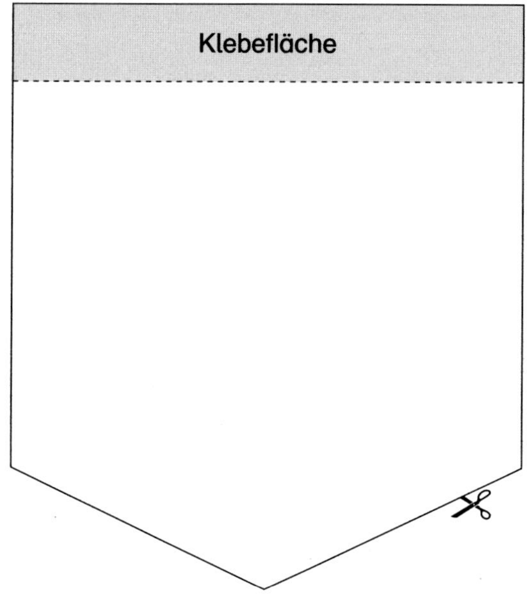
Klebefläche

Klebefläche

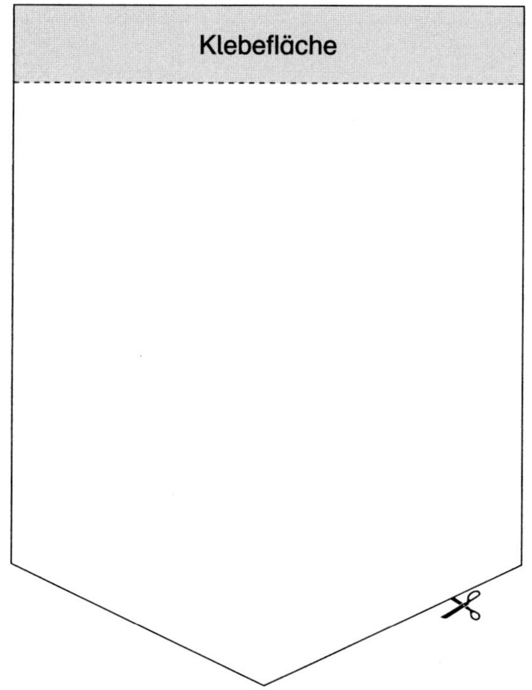
Klebefläche

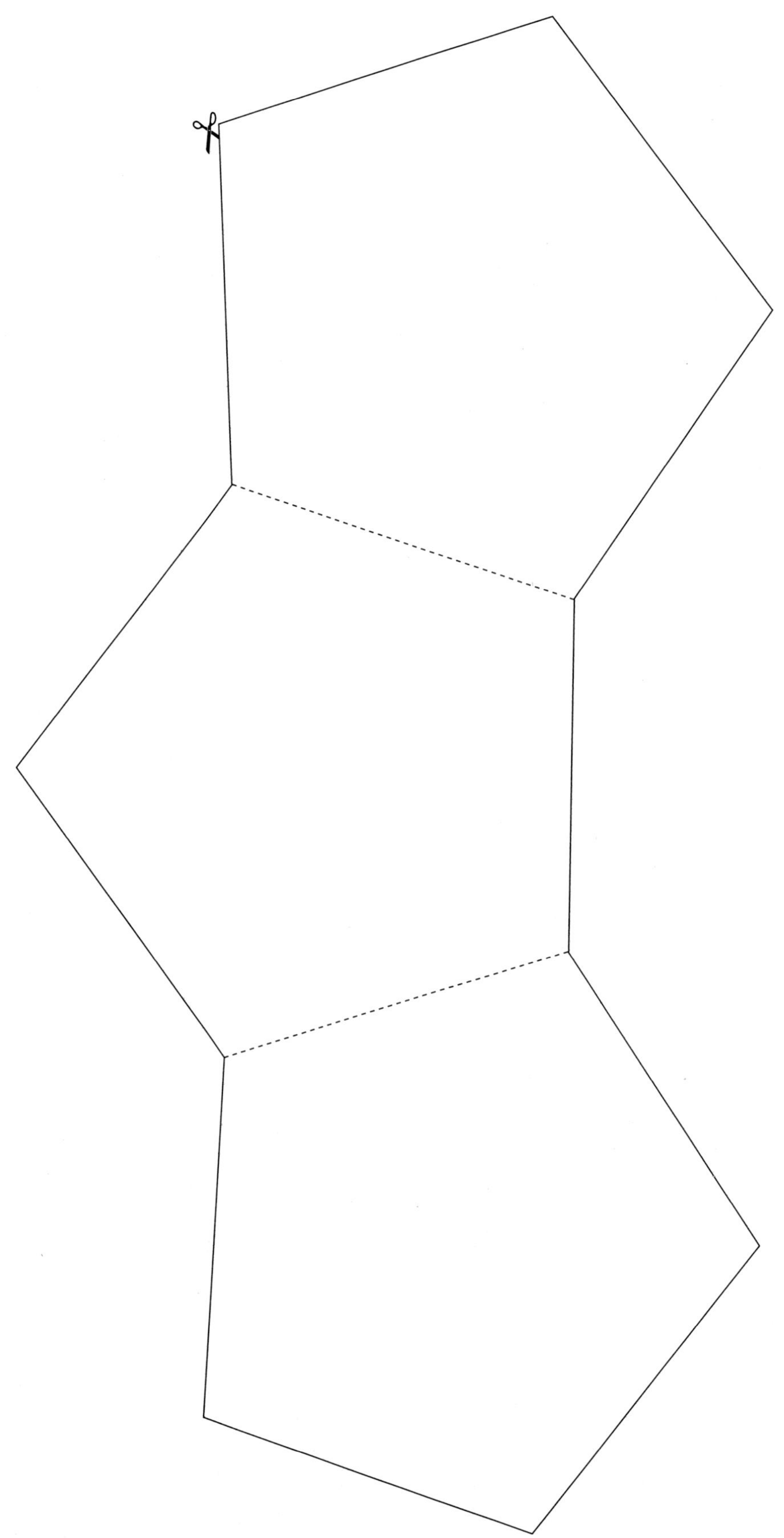

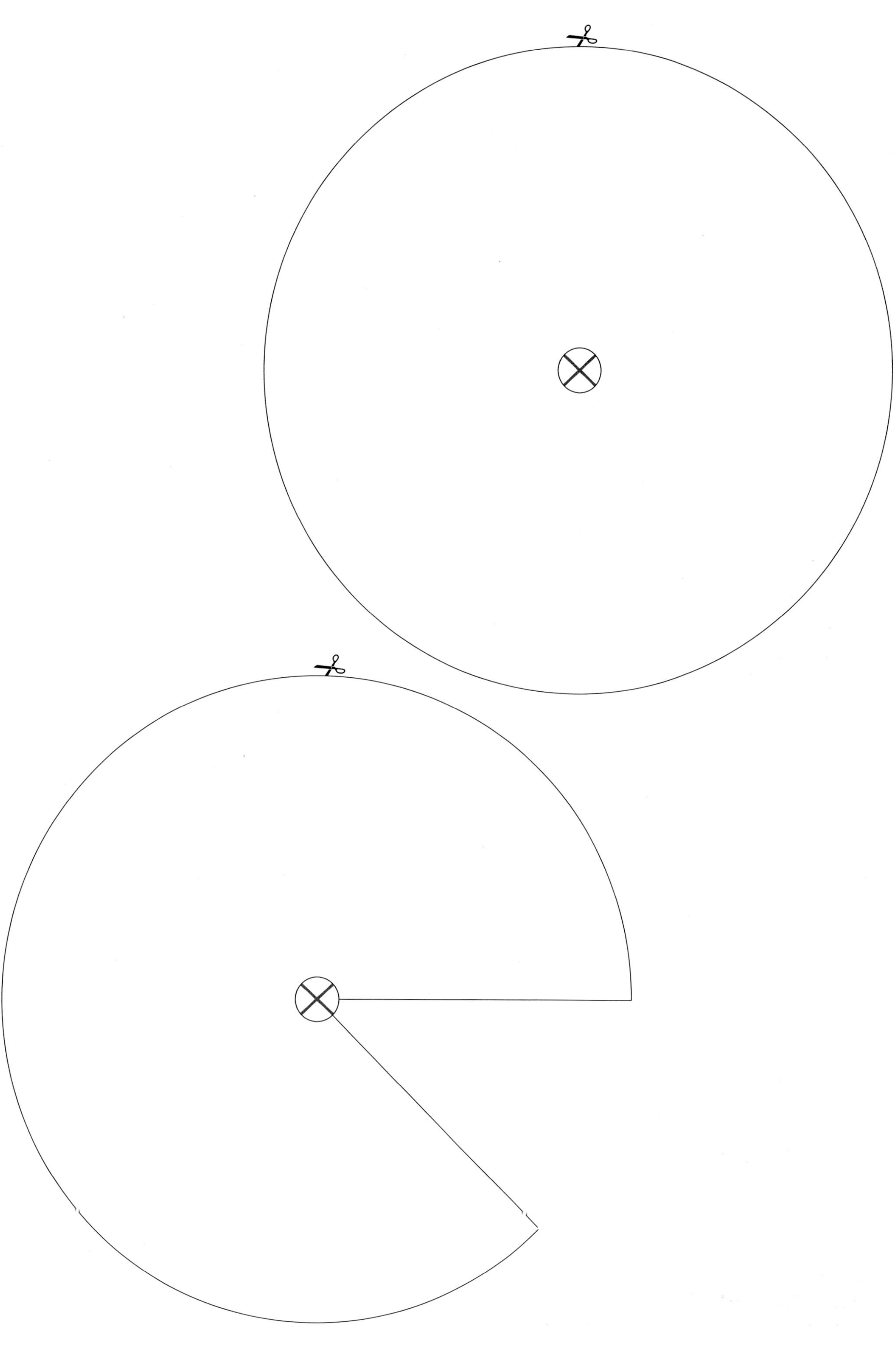

Name: ______________________ Klasse: __________ Datum: ________________

Wir erstellen ein Lapbook zu einem selbst gewählten Thema

	3 Punkte	2 Punkte	1 Punkt	0 Punkte
1. Inhalt				
Du kennst dich mit dem Thema gut aus.				
Du stellst die Sachverhalte richtig dar.				
Du verwendest Fachbegriffe.				
Die anderen Kinder lernen etwas durch dein Lapbook.				
2. Gestaltung				
Dein Lapbook macht neugierig.				
Du hast sauber geschnitten, geschrieben und geklebt.				
Dein Lapbook ist gut gegliedert.				
3. Präsentation				
Deine Präsentation ist anschaulich.				
Du hast laut und deutlich gesprochen.				
4. Sonstiges				
Du hast dich nicht ablenken lassen und konzentriert gearbeitet.				
Gesamtergebnis				

Male die erledigten Aufgaben an.

Die Schöpfungsgeschichte

Gott erschuf...

Wunderwolken

Ruhetag

Eigene Ideen

Wir danken Gott

Wie ich die Erde schützen kann

Mein Pflanzentagebuch

 **Male die erledigten Aufgaben an.**

Abraham und Sara

Die Reise

Sterne

Kanaan

Eigene Ideen

Ein Ort zum Wohlfühlen

 **Male die erledigten Aufgaben an.**

Josef

Josefleporello

Das neue Gewand

Streit

Im Brunnen

Josef gibt sich zu erkennen

In Ägypten

Sonne, Mond und Sterne

Der Traum des Pharao

Eigene Ideen

 **Male die erledigten Aufgaben an.**

Jona und der Wal

Jonas Flucht

Die Jonageschichte

Jona im Bauch des Wals

Jona betet

In Ninive

Jona ist wütend

Eigene Ideen

Male die erledigten Aufgaben an.

 **Male die erledigten Aufgaben an.**

Die Kirche und das Kirchenjahr

Lesekarte

Das Kirchenjahr

Aufbau (Gegenstände)

Eigene Ideen

 **Male die erledigten Aufgaben an.**

Texte:

S. 14, 15: Auszüge aus der Bearbeitung der ACK Hessen-Rheinhessen, www.schoepfungstag-hessen.de; nach: Rolf Krenzer: Gott will ich preisen (nach Psalm 104); aus: 100 einfache Texte zum Kirchenjahr, © Verlag Ernst Kaufmann, Lahr

S. 48 (Psalmen): Luther Bibel (Exodus), revidierter Text 1984, durchgesehene Ausgabe © 1999 Deutsche Bibelgesellschaft, Stuttgart (www.bibelwissenschaft.de)

Foto:

Hieroglyphen S. 31: © fbirr via Fotolia.de